Barbara Krepcik

RHYTHMUS UND KÖRPER

Eine Analyse der Wahrnehmung und Wirkung von musikalischem Rhythmus mit Fokus auf den Stellenwert der Musik- und Bewegungspädagogik (Rhythmik)

Barbara Krepcik studierte Musik- und Bewegungspädagogik (Rhythmik) an der Universität für Musik und darstellende Kunst Wien sowie Musikwissenschaft an der Universität Wien. Sie unterrichtet an einer Bildungsanstalt für Kindergartenpädagogik und arbeitet neben der schulischen Tätigkeit fachspezifisch und kreativ mit Menschen verschiedener Alters- und Bildungsstufen. Außerdem ist sie in der Fortbildung von PädagogInnen tätig (u. a. Pädagogische Hochschule) und im Rahmen von Tanz- und Performanceprojekten auch künstlerisch aktiv.

Reihe Musik und Bewegung Band 1
Studienrichtung Musik- und Bewegungspädagogik/Rhythmik
Institut MBM – Universität für Musik und darstellende Kunst Wien

Barbara Krepcik

RHYTHMUS UND KÖRPER

Eine Analyse der Wahrnehmung und Wirkung von musikalischem Rhythmus mit Fokus auf den Stellenwert der Musik- und Bewegungspädagogik (Rhythmik)

Re Di Roma-Verlag

Bibliografische Information der Deutschen Nationalbibliothek:
Die Deutsche Nationalbibliothek verzeichnet diese Publikation in der Deutschen Nationalbibliografie; detaillierte bibliografische Daten sind im Internet über http://dnb.ddb.de abrufbar.

ISBN 978-3-86870-510-2

Umschlaggestaltung: Reinhard Reinisch
Coverbild: istockphoto/(c) Stefan Schulze

Erstveröffentlichung als wissenschaftliche Masterarbeit (Wien 2010) innerhalb des Masterstudiums Musik- und Bewegungspädagogik/Rhythmik, Universität für Musik und darstellende Kunst Wien

www.rediroma-verlag.de
10,95 Euro (D)

Mein Dank gilt allen, die mich bei der Entstehung dieses Buches begleitet und unterstützt haben!

INHALTSVERZEICHNIS

„Musik erreicht unsere Physis
direkter und komplexer als jede andere Kunst
[… und …] wird daher auch […] eingesetzt […],
um das […] eigene Bewegungspotenzial zu mobilisieren.“

Wolfgang Rihm

1. EINLEITUNG

Ausgangspunkt der Auseinandersetzung mit der behandelten Thematik war der Wunsch, Beobachtungen aus der pädagogischen Praxis wissenschaftlich auf den Grund zu gehen.

Im Laufe meiner Ausbildung und meiner beruflichen Tätigkeit als Musik- und Bewegungspädagogin/Rhythmikerin hatte und habe ich mit den unterschiedlichsten Zielgruppen vom (Klein-)Kind über Jugendliche oder Menschen mit Behinderung bis zu SeniorInnen zu tun.
Ein Element scheint mal mehr, mal weniger, jedoch unabhängig vom Alter oder von den motorischen und kognitiven Fähigkeiten, fast immer zu bestehen: die Freude an Musik und Bewegung.

Ich denke zum Beispiel an Kinder, die es lieben, zur Musik durch den Raum zu laufen, auf musikalische Signale zu reagieren oder Instrumente auszuprobieren. Ich denke an die BewohnerInnen eines Altersheimes, die meinen Unterrichtsstunden anfangs mit Skepsis beiwohnten, jedoch zunehmend Gefallen am spielerischen musikalisch-bewegten Tun finden konnten. Ich denke auch an Jugendliche, die zwar körperlich oft unterspannt sind und Tanzen als ‚uncool' empfinden, die es aber dennoch genießen, sich von lauter Musik berieseln oder aktivieren zu lassen.

Nicht zuletzt denke ich konkret an Franz, einen jungen Mann mit körperlicher und geistiger Mehrfachbehinderung, den ich zwei Jahre lang, jeweils eine halbe Stunde die Woche, betreuen durfte. Franz, der Fortbewegung und der Sprache im herkömmlichen Sinn nicht mächtig, hat mir die Macht der Musik wie kein anderer Mensch vor Augen geführt. Auch Kolleginnen, die einer Einheit mit Franz hospitierend beiwohnten, berichten bis heute vom damaligen ‚Gänsehaut-Erlebnis'.
Musik, vor allem rhythmisches Trommelspiel, ließ Franz regelmäßig vor Freude aufjauchzen und zunehmend aktiver und ausgeglichener werden. Zu Beginn unserer gemeinsamen Arbeit spielte ich Franz sehr viel auf der Trommel, der Gitarre oder dem Klavier vor und begleitete mein Tun oft mit der Stimme. Sobald Franz Musik vernahm, begann er in seinem Rollstuhl zu ‚tanzen' und ‚sang' mit mir mit. Am Ende meiner Betreuungstätigkeit war es schließlich möglich, mit Franz über das Medium Musik vielfältig zu kommunizieren. Unser liebstes Spiel war rhythmischer Wechselgesang mit Nonsens-Silben bzw. abwechselndes und differenziertes Spiel auf der Trommel oder dem Klavier. Mu-

sik, vor allem der Rhythmus, hat uns zusammengebracht und die Basis für motorische, emotionale und kognitive Lernprozesse geschaffen.

Woher kommt es, dass Musik offensichtlich eine aktivierende und Freude bereitende Wirkung auf den Menschen ausübt, die universal zu gelten scheint? Welcher Anteil der Musik hat dabei besonderen Einfluss?
Das Beispiel mit Franz zeigt die menschliche Sensibilität für rhythmische Phänomene. Allgemein bekannt ist auch die Tendenz, zum Rhythmus einer Musik mit dem Fuß oder dem Oberkörper mitzuwippen. Warum aber ist (auch) der (beeinträchtigte) Mensch in der Lage, sich zum Rhythmus einer Musik zu bewegen? Wie geht Rhythmuswahrnehmung vor sich? Und wie muss eine Musik gestaltet sein, um motorisch aktivierend zu wirken? Worin liegt die Lust am lauten Musikhören? Wie erklärt sich etwa der Rat einer Kollegin, im Unterricht mit Jugendlichen die Musik besonders laut aufzudrehen?

Diesen und ähnlichen Fragen soll im Folgenden nachgegangen werden. Das Erleben, die Produktion und die Wirkung von Rhythmus werden dabei im Vordergrund stehen. Es wird nach musikimmanenten, aber auch außermusikalischen Gründen für die Faszination am Rhythmus bzw. für den bedingenden Zusammenhang von Musik und Bewegung gesucht.
Grundlage der Überlegungen sind dabei weniger reformpädagogische oder chronobiologische Aspekte als vielmehr musikpsychologische und neurobiologische, da diese aktuellsten Forschungen entspringen und daher neue Erkenntnisse liefern sollen.

Das Buch gliedert sich in einen theoretischen (Kapitel 2-5) und einen pädagogischen Teil (Kapitel 6-7).

Der Theorieteil beschäftigt sich zunächst allgemein mit den Wirkungen von Musik auf Körper und Psyche und lenkt die Aufmerksamkeit allmählich auf den Rhythmus und seine motionale Dimension (Kapitel 2).
Daran anschließend folgen einige Gedanken zur psychologischen Rhythmusforschung und zur Rhythmus-Definition (Kapitel 3).
Kapitel 4 stellt das Ohr und das Gehirn als Zentrum musikalischen Erlebens dar und widmet sich dann der kognitiv-strukturellen Dimension der Rhythmuserfahrung. Dabei wird der Frage nachgegangen, wie Rhythmen vom Individuum wahrgenommen werden. Es geht um die Aufspaltung von auditiven Szenerien in Klangströme und um die Gruppierung von Klangereignissen, was wiederum mit zeitlichen Rahmenbedingungen, mit Akzentuierungen von Klängen und mit Regelmäßigkeiten innerhalb der akustischen Reizfolgen zu tun hat.

Gruppierungen und metrische Erwartungen bzw. Antizipationen werden als Grundlage der Rhythmuswahrnehmung dargestellt. Der Abschnitt über Mikrotiming beschäftigt sich dann mit Abweichungen vom metronomisch exakten Zeitraster. Es wird gezeigt, dass mikrorhythmische Phänomene positive Effekte auf soziale und emotionale Erfahrungen haben und nicht zuletzt Bewegungsenergien induzieren sowie Bewegungsempfindungen freisetzen.
Kapitel 5 steht ganz im Zeichen der motorischen Dimension der musikalischen Rhythmuserfahrung. Der Zusammenhang von Musik und Bewegung, insbesondere von Rhythmus und Körperbewegung, wird ausführlich beschrieben und untersucht. Eine Vielzahl an Forschungsberichten wird in diesem Kapitel angeführt und von verschiedenen Seiten beleuchtet. Die tiefe Verankerung audiomotorischer Zusammenhänge im menschlichen Individuum soll dadurch nachgewiesen und verständlich gemacht werden. Eine Darstellung der therapeutischen Nutzung solcher Gegebenheiten am Beispiel der ‚Neurologischen Musiktherapie' sowie die Frage danach, ob die unmittelbare motorische Wirkung von Rhythmen erlernt oder angeboren ist, leiten in den pädagogischen Teil der Arbeit über.

Kapitel 6 fasst die wichtigsten Erkenntnisse hinsichtlich der Entwicklung rhythmischer Fähigkeiten zusammen. Die vorgestellten musikalischen, physiologischen, empirischen und kognitiven Aspekte dienen als Grundlage für die Auseinandersetzung mit dem nachfolgenden Kapitel, welches sich konkret der Musik- und Bewegungspädagogik/Rhythmisch-musikalischen Erziehung (Rhythmik) widmet.
Indem kurz auf die Geschichte der Rhythmik eingegangen wird, kann gezeigt werden, dass deren Arbeitsweise seit jeher auf Basis der beschriebenen physiologischen und psychologischen Grundsätze arbeitet. Es werden aber auch einzelne konkrete Ansätze aus dem theoretischen Teil der Arbeit aufgegriffen und auf deren Relevanz für die pädagogische Praxis untersucht. Dabei wird Rhythmus als ein Phänomen bzw. Rhythmik als eine Methode verstanden, das bzw. die in ganzheitlicher Weise wirkt. Das Kapitel schließt mit einer Zukunftsvision und einer ermutigenden Ansprache an die VertreterInnen der Musik- und Bewegungspädagogik.

Kapitel 8 fasst die erarbeiteten Erkenntnisse zusammen und sucht nach Antworten auf die oben angeführten Fragen.

Dieses Buch richtet sich an alle, die an Musik und Bewegung und an deren theoretischen Grundlagen interessiert sind; egal ob WissenschaftlerIn, PädagogIn oder TänzerIn. Gegenseitige Bereicherungen der einzelnen Arbeitsgebiete sind erwünscht und beabsichtigt. Dem/der WissenschaftlerIn wird vielleicht ein bislang verborgener Blickwinkel offenbart, während der Pädagoge/die Pädagogin von den theoretischen Erkenntnissen profitieren kann, indem zu mehr Kompetenz hinsichtlich der eigenen Arbeitsweise verholfen wird.

2. DIE WIRKUNG VON MUSIK AUF KÖRPER UND PSYCHE

Dass Musik in vielerlei Form auf uns wirkt, ist unumstritten und dürfte wohl allen Menschen aus eigener Erfahrung bekannt sein. Mal regt sie uns zum Mittanzen an, mal stimmt sie uns nachdenklich. Manchmal ruft sie eine Gänsehaut hervor und lässt unser Herz höher schlagen, mitunter kann sie uns aber auch in Trance versetzen. Musik kann positive wie negative Erinnerungen wecken, ein Gefühl des Wohlbefindens vermitteln oder uns die Arbeit erleichtern. Gleichsam kann sie uns aber auch manipulieren und schädliche Auswirkungen haben. Gembris definiert die Wirkungen der Musik kurz als „Veränderungen im Erleben, im Denken, Fühlen und Handeln, die durch das Hören von Musik hervorgerufen werden" (Gembris 2002: S. 9). Musik hat also die Macht, unmittelbar und nachhaltig auf Körper und Psyche einzuwirken.

2.1. Außermusikalische und musikimmanente Einflussfaktoren

Die oben beschriebene Macht beruht auf Eigenschaften der Musik, hängt aber sehr stark auch von außermusikalischen Einflussfaktoren ab (vgl. Gembris 2002: S. 9).

> „Dazu zählen unter anderem Vertrautheit mit der Musik, die Einstellungen gegenüber der Musik, die gegenwärtige Stimmung und die momentanen Bedürfnisse, der situativ-soziale Kontext und anderes mehr. Auch der musikalische Geschmack spielt ganz unmittelbar eine Rolle, denn wir lassen in der Regel nur Musik auf uns wirken, die in irgendeiner Weise unserem Geschmack entspricht" (Gembris 2002: S. 14).

Will man diesem Faktorenkomplex in ansprechender Weise gerecht werden, sieht man sich sofort mit Fragen zur musikalischen Sozialisation oder zu musikalischen Lernprozessen konfrontiert. Auch wenn diesen Fragen nicht im Detail nachgegangen werden kann, so sei doch darauf hingewiesen, dass durch die Verschiedenartigkeit der Menschen, Kulturen und sozialen Gruppen, aufgrund individueller Sozialisations- und Lernprozesse, ein und dieselbe Musik recht unterschiedlich aufgenommen und empfunden werden kann.

Im Laufe der nächsten Kapitel soll daher insbesondere untersucht werden, ob es im Hinblick auf die Wirkung von Musik – seitens der Wahrnehmung musikimmanenter Faktoren – Universalien, also allgemein gültige Aussagen, gibt und ob bzw. wie diese pädagogisch genutzt werden können. Bereits die antike Ethoslehre oder die Affektenlehre des Barockzeitalters haben in diesem Sinne versucht, die Wirkungen musikalischer Elemente oder Instrumente systematisch zu erfassen (vgl. Gembris 2002: S. 9 f.).

2.2. Die Körperlichkeit des Rhythmus

Die Überschrift dieses Kapitels ist einem Zitat von Manfred Spitzer (2009: S. 222) entnommen und hilft, das weite Forschungsfeld der Wirkung von Musik einzugrenzen. Stellvertretend steht es auch als Leitidee des gesamten Buches: Es geht vor allem um körperliche, und hierbei insbesondere motorische, Reaktionen auf vorwiegend zeitliche Eindrücke. Denn es ist – um dem nächsten Absatz vorauszugreifen – eben diese zeitliche Komponente, welche sich in der Musik als Rhythmus bzw. Tempo manifestiert und die offensichtlich eine Wirkung universaler Art auf den Menschen ausübt.
Jedoch erscheint diese Eingrenzung zu Recht etwas problematisch, denn:

> „Musik tritt uns immer als Ganzheit verschiedener Elemente, die in der Musiktheorie als die Parameter der Musik beschrieben werden, gegenüber. Die Wirkung einzelner musikalischer Charakteristika kann streng genommen nie isoliert betrachtet werden, da das Phänomen Musik ein ständiges Zusammenspiel und Zusammenwirken unterschiedlicher Merkmale bedeutet" (Zitzler 2005: S. 78).

Trotzdem soll dieser eng gefasste Rahmen gerade durch seine Begrenzung ein besonders tiefes Verständnis für die Wahrnehmung und Wirkung von Rhythmus ermöglichen.

2.3. I got rhythm – Die unmittelbare Wirkung des Rhythmus

Musik kann entspannend/sedativ oder aktivierend/stimulativ sein. In der Fachliteratur ist diesbezüglich oft von trophotroper oder ergotroper Musik die Rede. Für diese Abhandlung relevant ist vor allem die aktivierende Wirkung von Musik, die sich auf vielerlei Art zeigen kann: Musik kann physiologische Reaktionen hervorrufen, z. B. Veränderungen der Herzfrequenz oder des Hautwiderstandes, ebenso aber motorische Reaktionen wie Händeklatschen oder Fußwippen. Zwar handelt es sich im Sinne der Sensomotorik bei allen diesen Reaktionen um Bewegungsäußerungen, jedoch einmal um sichtbare Bewegungen und einmal um Spannungsverläufe innerhalb des Körpers (vgl. Hesse 2003: S. 93).

Eine Gemeinsamkeit sieht Hesse darin, dass es in beiden Fällen unwillkürliche, unbewusst einsetzende, reflexartige Bewegungen sind. Während Hesse hinsichtlich einer unmittelbaren motorischen Aktivierung die Notwendigkeit der entsprechenden rhythmischen Akzentuierung betont (vgl. ebd.: S. 93), bezeichnet Gembris die musikalischen Parameter Rhythmus und Tempo als „motorische Funktionsebenen der Musik“, da sie am engsten mit der Motorik in Beziehung stehen und am unmittelbarsten als Bewegung erlebt werden (vgl. Gembris 1985: S. 160 ff.).

Gembris spricht die Fähigkeit, einen Bewegungseindruck seitens des Hörers/der Hörerin zu erwecken, zwar auch anderen musikalischen Aspekten wie Melodik oder Harmonik zu, die oben beschriebene Unmittelbarkeit aber einzig den Parametern Tempo bzw. Rhythmus und Lautstärke. Demgegenüber seien „die Wirkungen von Dur und Moll oder Konsonanz und Dissonanz stark durch musikgeschichtliche Entwicklungen und individuelle Lernprozesse beeinflußt“ (Gembris 2002: S. 12).

Die Möglichkeit zur Antriebsförderung durch die zeitliche und dynamische Gestaltung eines Musikstückes scheint allgemeingültig zu sein, unabhängig von Bildung oder sozialem Umfeld. Zitzler spricht in diesem Zusammenhang von einem „universellen Reiz-Reaktions-Phänomen“ (Zitzler 2005: S. 83).
Gründe hierfür sind wohl in der Evolutionsgeschichte des Menschen zu finden. Seit jeher schon passt sich der Mensch mit dem Gehör an die Umwelt an, bedient sich der auditiven Wahrnehmung beispielsweise als Warnfunktion vor herannahenden Gefahren und reagiert auf ebensolche mit einer eventuellen Fluchtreaktion.
Zudem sind hirnphysiologische Gegebenheiten wie die Verschaltung auditiver und motorischer Bahnen in den Kerngebieten des Zentralnervensystems als Gründe für die unmittelbaren motorischen Reflexbewegungen zu nennen (Gembris 1985: S. 165 ff.). Hierzu mehr in Kapitel 5.4.

Geht es also um die Aktivierung des Menschen mittels Musik, kommt einerseits dem musikrezipierenden Individuum und andererseits dem Rhythmus eine tragende Rolle zu. Im nächsten Kapitel folgen daher einige grundlegende Gedanken zum Rhythmusbegriff und zur psychologischen Rhythmusforschung.

3. RHYTHMUS – GANZHEITLICH UND LEBENDIG

Rhythmusforschung kann nur interdisziplinär erfolgen. Die Fähigkeit von Menschen, Rhythmen wahrzunehmen, zu reproduzieren und zu produzieren ist eine komplexe Leistung. Um die damit verbundenen Vorgänge adäquat untersuchen zu können, benötigen wir Bemühungen auf verschiedenen Ebenen der Forschung.

Was ist Rhythmus? Wie werden Rhythmen wahrgenommen und wie wirken sie auf den menschlichen Körper? Wie entwickeln sich rhythmische Fähigkeiten? Die Beantwortung solcher und ähnlicher Fragen erfordert einmal einen verstärkt entwicklungspsychologischen Blickwinkel, einmal werden physiologische oder soziologische Aspekte im Vordergrund stehen. Einseitige Sichtweisen werden dem Forschungsgegenstand nicht gerecht.

Die Notwendigkeit der Interdisziplinarität wird besonders von Müller/Aschersleben (2000) in deren Handbuch zur Rhythmusforschung betont. Den Herausgeberinnen gelingt es durch die Vielfalt der zu Wort kommenden AutorInnen, neueste Erkenntnisse aus verschiedenen Teilbereichen der Rhythmusforschung darzulegen bzw. einen Themenkomplex aus verschiedenen Perspektiven zu beleuchten.

Die Beschäftigung mit Rhythmus erfordert eine ganzheitliche Sichtweise. Der Umkehrschluss liegt nahe, Rhythmus als ein Phänomen zu betrachten, das in ganzheitlicher Weise wirkt. Eine Pädagogik, die sich – in welcher Form auch immer – dem Rhythmus verpflichtet, kann also gar nicht anders, als den Menschen als Ganzes in der Entwicklung seiner Persönlichkeit – seiner motorischen, affektiv-sozialen und kognitiven Fähigkeiten – zu fördern, und erhält dadurch Berechtigung, sich als ganzheitliche Arbeitsweise zu verstehen. Die Methode der Rhythmisch-musikalischen Erziehung wird in diesem Zusammenhang in einem eigenen Kapitel noch ausführlich dargestellt und eingehend untersucht.

3.1. Die psychologische Rhythmusforschung

Die Bedeutung des Menschen für Rhythmusphänomene wurde bereits angesprochen. Ohne den Menschen bleiben Rhythmen unbemerkt, können Rhythmen ihre spezifische Wirkung nicht entfalten, gäbe es keine mitreißenden Musikstücke.

Es ist also sinnvoll, die spezifische wissenschaftliche Richtung herauszufiltern, die sich mit den psychischen Vorgängen beim Musikhören und aktiven Musizieren, mit der Wirkung von Musik auf Körper und Psyche sowie mit der Beziehung zwischen Mensch, Musik und Umwelt beschäftigt – die Musikpsychologie, ein Teilgebiet der systematischen Musikwissenschaft. Die Musikpsychologie wiederum ist eng vernetzt mit weiteren Disziplinen, etwa der Soziologie, der Pädagogik, der Medizin, der Physik oder der Neurobiologie. Die Interdisziplinarität ist also auch hier gegeben.

Die Psychologie erforscht rhythmische Phänomene schon seit geraumer Zeit, genauer gesagt seit etwa 140 Jahren, wobei sie hierbei bis heute vorwiegend experimentell-empirisch vorgeht (vgl. Spitznagel 2000: S. 1). Relevante, bedeutsame erste Arbeiten erschienen bereits in der vom deutschen Psychologen Wilhelm Wundt 1883 gegründeten Zeitschrift *Philosophische Studien*. 1894 veröffentlichte der Experimentalpsychologe Ernst Meumann darin mit seinen „Untersuchungen zur Psychologie und Ästhetik des Rhythmus" die erste Darstellung zum Thema (vgl. Spitznagel 2000: S. 3/38).

Viel hat sich seither auf diesem Gebiet getan, wobei der technische Fortschritt einen großen Anteil an der Verbesserung der Forschungsmöglichkeiten hat. Betrachtet man das Gehirn als „Organ der Musik" (Spitzer 2009: S. 19) – und natürlich auch als Zentrum des Erlebens, Denkens, Lernens und Fühlens –, sieht man sich hinsichtlich der Beantwortung der eingangs gestellten Fragen stark im Bereich der Neurowissenschaften verwurzelt. Dieses Gebiet ist aber auf exakte Messmethoden und computergestützte Modellierungsverfahren angewiesen. Die hierfür notwendige Technik steht erst seit knapp 30 Jahren zur Verfügung (vgl. Kopiez 2005: S. 127) und befindet sich in stetem Wandel.

In diesem Buch kann daher nur ein Überblick über den aktuellen Stand der musikpsychologischen Forschung zur Wahrnehmung und Wirkung von akustischen Rhythmen gegeben werden. Rhythmusforschung ist gemäß ihrem Forschungsgegenstand in ständigem Fluss.

3.2. Die Definition von Rhythmus aus musikpsychologischer Perspektive

Durch die Interdisziplinarität der Rhythmusforschung sieht man sich einer Vielzahl an Rhythmusdefinitionen gegenüber. Spitznagel spricht von mehr als hundert mitunter recht heterogenen Definitionen und erwähnt die vielfach vorgefundene Klage darüber, dass eine genaue Begriffsklärung von ‚Rhythmus' schwierig sei und selbst unter Musikern keine Einigkeit darüber herrsche, was Rhythmus eigentlich ist (vgl. Spitznagel 2000: S. 14 f.). Helga de la Motte spricht in ihrer Dissertation von 1968 von der „Unmöglichkeit einer einheitlichen Definition" (de la Motte 1968: S. 17) und Heimann geht sogar noch einen

Schritt weiter, indem sie die Frage in den Raum wirft, „ob der Begriff des Rhythmus überhaupt definiert werden kann“ (Heimann 1989: S. 35). Dennoch ist es der letztgenannten Autorin ein Anliegen, in die Fülle der Definitionsversuche eine gewisse Ordnung zu bringen. „Trotz der oft starken Differenzen soll [...] ersichtlich werden, daß der Rhythmus ein allumfassendes Prinzip ist, das den Menschen mit allen Lebensbereichen verbindet und daher von großer Wichtigkeit ist“ (ebd.: S. 36). Auch Kopiez versucht, „trotz aller Unterschiede“, inhaltliche Gemeinsamkeiten der Rhythmusdefinitionen herauszuarbeiten, und kommt zu dem Schluss, „dass sich die experimentelle Rhythmusforschung im Kern immer auf zwei Aspekte rhythmischer Prozesse konzentrierte: erstens auf den Aspekt von *Ordnung* und zweitens auf den Aspekt einer zeitlich-dynamischen Veränderung bzw. *Bewegung*“ (Kopiez 2005: S: 128). Der Aspekt der Bewegung findet sich auch im griechischen Wort ‚rheein‘, was so viel wie ‚fließen‘, ‚strömen‘ bedeutet und das unserem ‚Rhythmus‘ als Wortstamm dient.

Hinsichtlich der in diesem Buch gewählten Sichtweise soll die Rhythmus-Definition aus dem Musiklexikon MGG nähere Beachtung finden, wo es heißt:

> „Rhythmus bezeichnet die Ordnung der Bewegungen oder der Zeiten, die dem menschlichen Sinn unmittelbar und deutlich faßlich ist und deren Wahrnehmung sich mit dem Gefühl des Wohlgefallens verbindet“ (Seidel 1998: Sp. 258).

Hier werden das subjektive Erleben und die Bindung des Rhythmus an das menschliche „Fassungs-, Auffassungs- und Urteilsvermögen“ (Seidel 1998: Sp. 262) betont. Rhythmische Ordnung zeichnet sich durch eine besondere ästhetische Qualität aus. Jedoch ist die Ordnung nicht beliebig, sondern entspringt dem menschlichen Verlangen nach Ebenmaß (vgl. ebd.: Sp. 259). Wie schon vielfach erwähnt, ist es letztlich der Mensch, der Rhythmen wahrnimmt und gestaltet. Rhythmus kann demnach als Phänomen des Wahrnehmens und Gestaltens gesehen werden oder als „psychologisches Konstrukt“ (Bruhn 2000: S. 51). Auch Pfleiderer schlägt eine Begriffserklärung aus musikpsychologischer Perspektive vor:

> „In der Psychologie wird bekanntlich das Verhalten des Menschen untersucht – sein äußeres, direkt beobachtbares Verhalten ebenso wie die inneren, psychischen Vorgänge, u. a. Wahrnehmen, Denken, Erkennen, Fühlen, Erinnern, Vorstellen, Lernen und Motivation. Befassen sich Psychologen mit Rhythmusphänomenen, so stehen die inneren und äußeren Verhaltensweisen im Blickpunkt, mit denen Menschen

zeitlich strukturierte Ereignisfolgen erzeugen oder auf zeitliche Strukturen in ihrer Umwelt reagieren“ (Pfleiderer 2006: S. 35).

Ein letzter Blick innerhalb der Fülle an Rhythmusdefinitionen soll schließlich dem Musikpsychologen Alf Gabrielsson gelten, dessen Definition eine sanfte Überleitung ins folgende Kapitel ermöglicht: „[…] the experience of rhythm includes some kind of grouping, accents, and regularity within the limits of the psychological present“ (Gabrielsson 1993: S. 97). Indem Gabrielsson von Rhythmus*erfahrung* spricht, macht auch er deutlich, dass „weder die physikalischen Strukturen des Schalls noch die extern kodierten Informationen (Notenschrift, mechanische oder elektronische Speichermedien) im Mittelpunkt des Interesses [stehen], sondern vielmehr die inneren und äußeren Verhaltensweisen des Menschen“ (Pfleiderer 2006: S. 36).
Die von Gabrielsson aufgeworfenen Begriffe der Gruppierung, Akzentuierung, Periodizität sowie der psychologischen Gegenwart können als Kernpunkte der Rhythmuserfahrung gesehen werden und werden in Kürze ausführlich besprochen.

4. DIE MUSIKALISCHE RHYTHMUSERFAHRUNG

Rhythmus kann motional und emotional, bewegt und bewegend, erlebt werden, wobei mein Hauptinteresse – wie bereits erläutert – der körperlichen Dimension der musikalischen Rhythmuserfahrung gilt. Gabrielsson fügt eine dritte Dimension hinzu: die Erfahrung der kognitiv-strukturellen Eigenheiten des Rhythmus (vgl. Gabrielsson 1993). Es geht hierbei um vielfach erforschte und grundlegende Aspekte der auditiven Rhythmuswahrnehmung; um die zeitliche Wahrnehmung und Gruppierung von Klängen, um die psychologische Gegenwart, um Metrums- und Akzentwahrnehmung und um die Wechselwirkungen zwischen Akzentuierung und Gruppierung.

Der Musikwissenschaftler und Musiker Martin Pfleiderer hat die wichtigsten Forschungsergebnisse diesbezüglich in übersichtlicher und verständlicher Form zusammengetragen (vgl. Pfleiderer 2006: S. 53-84). Seine Abhandlung soll daher als Gerüst für eine eigene Auseinandersetzung mit der kognitiv-strukturellen Dimension der Rhythmuserfahrung dienen. Auch bei Gerischer findet sich eine gute Zusammenstellung verschiedener Erklärungsmodelle und Theorien zur Rhythmuswahrnehmung (vgl. Gerischer 2003: S. 49-66).

Führt man sich noch einmal vor Augen, dass Rhythmen auch emotionale Wirkungen auf den/die HörerIn haben und in unterschiedlichem Ausmaß Bewegungen induzieren können, fällt auf, dass in der Literatur grundsätzlich die strukturelle Dimension der Rhythmuswahrnehmung überwiegt.

> „Das liegt daran, dass es schwerer ist die anderen […] Dimensionen wissenschaftlich zu untersuchen und dass es infolgedessen wenige experimentelle Studien und noch weniger theoretische Analysen dieser Aspekte gibt. Möglicherweise sind die anderen Dimensionen noch stärker als die strukturelle Dimension kulturabhängig."
> (Schulze 2005: S. 464)

Dieses Kapitel führt – nach einem Exkurs in die physiologischen Zentren musikalischen Erlebens – in die Grundlagen der musikpsychologischen Forschung hinsichtlich der Wahrnehmung von Regelmäßigkeiten ein. Weiters wird der Stellenwert mikrorhythmischer Gestaltung untersucht und auf diesem Weg eine Verbindungslinie zwischen kognitiven, motionalen und emotionalen Aspekten der Rhythmuserfahrung gezogen. Den nicht-kognitiven Dimensionen wird später ausführlich Beachtung geschenkt.

4.1. Physiologische Zentren musikalischen Erlebens

Das Erfahren von Musik ist an die Aufnahme derselben über das Ohr und die Verarbeitung im Gehirn gebunden. Daher einführend nun einige Gedanken über diese beiden Zentren musikalischen Erlebens, wobei lediglich Aspekte berücksichtigt werden können, die in direktem Zusammenhang mit der behandelten Thematik stehen. Grundwissen über die Anatomie und Physiologie des Ohres muss ebenso vorausgesetzt werden wie Basiskenntnisse der Psychoakustik. Der/die interessierte LeserIn wird eine Fülle an Literatur finden, die obige Sachverhalte in leicht verständlicher bis wissenschaftlich höchst komplexer Weise darlegt. Einen guten Einstieg in die Materie stellt Manfred Spitzers „Musik im Kopf" (9. Nachdruck 2009) oder der „Musikpsychologie"-Band des Handbuches der Systematischen Musikwissenschaft (hrsg. v. Helga de la Motte, 2005) dar.

4.1.1. And the winner is … (Die Schnelligkeit des Gehörs)

Das Gehör ist einer der menschlichen Sinne. Es ist immer ‚offen', äußerst sensibel und benötigt als Fernsinn keinen direkten Kontakt mit der Klangquelle. Das Gehör registriert jede Luftdruckschwankung und erschließt uns somit die Welt. „Je besser dies gelingt, desto besser sind die Überlebenschancen des Organismus" (Spitzer 2009: S. 78). Herannahende Gefahren gilt es zu ‚erhören' bzw. auf plötzliche Geräusche mit einer eventuellen Fluchtreaktion zu antworten. Hören ist ein aktiver Vorgang und löst direkt Bewegungen aus.

Zeitliche Informationen werden also „mit höchster Präzision […] in das zentralnervöse Hörsystem übertragen" (Langner 2007: S. 10). Bei der Schalllokalisation geht dies im Bereich von Mikrosekunden vor sich, wodurch sich das Hören vom Sehen oder Riechen durch seine um zwei bis drei Zehnerpotenzen größere Schnelligkeit unterscheidet (vgl. Spitzer 2009: S. 61). Die hohe zeitliche Auflösungsfähigkeit erklärt sich durch die äußerst rasche Umwandlung der mechanischen Reize (Schall) in elektrische Impulse bzw. in „die Sprache des Nervensystems" (Langner 2007: S. 12). Hauptakteure dieser Übersetzung sind die feinen Härchen der Haarzellen des Cortischen Organs, die sich beim Anheben der Basilarmembran verbiegen und durch die damit verbundene Öffnung von Ionenkanälen elektrisch geladene Teilchen frei- und eine Depolarisation in Gang setzen.

Hinsichtlich der für dieses Buch relevanten Fragestellungen sei festgehalten:

> „Musik ist Gestalt in der Zeit, und unser Hörsinn ist unser zeitlich genauester Sinn. Mit ihm können Zeitstrukturen erfasst werden, die anderen Sinnen verborgen bleiben“ (Spitzer 2009: S. 18).

4.1.2. Das ganze Gehirn macht Musik

Bevor es nun konkret um die Fähigkeit der Wahrnehmung musikalischer Zeitstrukturen geht, soll noch der Frage nachgegangen werden, welche Hirnregionen überhaupt daran beteiligt sind bzw. welche Methoden der Wissenschaft zur Verfügung stehen, um „Aufschlüsse über die zerebrale Organisation der Musikwahrnehmung“ (Altenmüller et al. 2000: S. 60) zu erhalten.

Die wohl älteste Methode der Hirnforschung stellen sogenannte ‚Läsionsstudien‘ dar (vgl. ebd.: S. 60). Dabei wird untersucht, wie sich Ausfälle bestimmter Hirnbezirke – durch Anlage, Krankheit, Operation oder Unfall – auf musikalische Leistungen auswirken.

> „Die Leistungseinbuße nach der Läsion – z. B. die Unfähigkeit, Rhythmen zu erkennen – wird genau beschrieben und in Beziehung zur zerstörten Hirnregion gesetzt. Die zu Grunde liegende Annahme ist, dass bei Verlust einer bestimmten ‚Hirnleistung‘ diese in der von der Schädigung betroffenen Hirnregion verarbeitet wird.“
> (Altenmüller et al. 2000: S. 60 f.)

Altenmüller et al. führen eine Reihe an Läsionsstudien im Zeitraum von 1920 bis hinein in die 90er Jahre an, die sich mit Störungen der Zeitwahrnehmung bzw. sogenannten ‚rhythmischen Amusien‘ befassen (vgl. 2000: S. 62 f.). Dabei stößt das Forscherteam auf viele Widersprüchlichkeiten und macht zudem auf Probleme dieser methodischen Vorgehensweise aufmerksam. Beispielsweise würde sich das Gehirn nach einer erlittenen Läsion umstrukturieren, wodurch andere Hirnstrukturen kompensatorisch die ursprüngliche Funktion des geschädigten Gewebes übernehmen. Außerdem kann in Läsionsstudien nur eine von möglicherweise mehreren für eine bestimmte Hirnleistung notwendigen Hirnregionen dargestellt werden (vgl. ebd.: S. 63 ff.).

Ein von Altenmüller und Mitarbeitern – unter Berücksichtigung der methodischen Schwierigkeiten – neu entwickeltes Testverfahren zur Wahrnehmung von Rhythmen und Metren lässt ebenfalls keine klare Hemisphärenzuordnung für musikalische Zeitwahrnehmung zu (vgl. ebd.: S. 69).

Diese „Hannoveraner Studie“ berücksichtigt nun aber verstärkt die Differenzierung zwischen Rhythmus und Metrum und geht von der Hypothese aus, dass „Rhythmuswahrnehmung als ‚lokaler‘ Verarbeitungsmodus eher auf linkshemisphärischen, Metrumwahrnehmung als ‚globaler‘ Verarbeitungsmodus eher auf rechtshemisphärischen neuronalen Netzwerken beruht“ (ebd.: S. 59) – eine Einteilung, wie sie zuerst bei Peretz in ihrer Läsionsstudie von 1990 zu finden ist. Während Altenmüller et al. eine solche Zuordnung nicht belegen können, hält Schröder im Zuge seiner Neuroradiologie-Dissertation (2004) weiterhin daran fest. Selbst Spitzer spricht von einer „eher linksseitigen Repräsentation von Rhythmus“, wobei er dies unter anderem in der linksseitigen Lokalisation des Sprachzentrums begründet sieht (vgl. Spitzer 2009: S. 222). Der Zusammenhang von Rhythmus und Sprache wird in einem späteren Abschnitt (vgl. 7.3.1./S. 105 ff.) diskutiert.

Schröder erwähne ich an dieser Stelle aber auch deswegen, weil er seine Untersuchungen auf die funktionelle Magnet-Resonanz-Tomographie (f-MRT) stützt und hiermit die zweite Methode der Hirnforschung hinsichtlich der Wahrnehmung musikalischer Zeitstrukturen genannt ist.
Die f-MRT stellt jedoch nur eine von vielen modernen bildgebenden oder neurophysiologischen Verfahren dar, die „Aufschlüsse über die Ausdehnung und die zeitliche Dynamik der [daran] beteiligten kortikalen neuronalen Netzwerke“ (Altenmüller et al. 2000: S. 62) liefern. Die Methoden unterscheiden sich untereinander in ihrer zeitlichen und räumlichen Auflösungsfähigkeit, ihrer Kostspieligkeit und darin, ob sie invasiv sind oder nicht. Die f-MRT stößt allerdings – gerade wenn es um die „Analyse zeitlicher Steuerungsmechanismen im Gehirn“ (Müller 2000: S. 293) geht – an Grenzen, da die aktivierten Hirnareale durch Messung des Sauerstoffgehalts des Bluts dargestellt werden und die „zeitliche Auflösungfähigkeit [sic!] aufgrund der Trägheit des Wechsels im Blutfluss“ (ebd.: S. 294) eingeschränkt ist. EEG und MEG etwa sind „zur Untersuchung rhythmus- und zeitverarbeitender Prozesse“ (ebd.: S. 295) besser geeignet.

Abbildung 1 fasst Bedeutung, Vor- und Nachteile der verschiedenen neurowissenschaftlichen Messmethoden zusammen.

Bezeichnung	Bedeutung	Vorteile	Nachteile
EEG (Elektro-Enzephalogramm)	Misst die Änderungen der hirnelektrischen Aktivität an der Oberfläche der Kopfhaut.	Hohe zeitliche Auflösung im Millisekunden-Bereich	Vergleichsweise begrenzte räumliche Auflösung
fMRT/fMRI (Funktionelle Magnetresonanz-Tomographie)	Bestimmung von Orten neuronaler Aktivität im gesamten Kortex und in einigen subkortikalen Strukturen durch Messung des Sauerstoffgehalts des Bluts in wenigen Kubikmillimeter großen Volumina der jeweiligen Hirngebiete	Räumliche Auflösung im Millimeter-Bereich (und höher), Erfassung von Aktivität ist auch in vielen subkortikalen Strukturen möglich	Niedrige zeitliche Auflösung des Verlaufs zerebraler Aktivität; sehr kostspielig
PET (Positronen-Emissions-Tomographie)	Misst über die Verteilung einer radioaktiv markierten Substanz die relative Durchblutung im Gehirn, die wiederum mit der relativen neuronalen Aktivität korreliert.	Räumliche Auflösung erheblich besser als EEG, aber nicht so genau wie fMRT; Verwendung unterschiedlicher Tracer möglich	Zeitliche Auflösung im Minutenbereich; invasiv
MEG (Magnet-Enzephalogramm)	Misst die durch die elektrische Aktivität von Neuronen produzierten magnetischen Felder (ähnlich dem EEG).	Räumliche Auflösung besser als beim EEG, sensitiver für bestimmte neuronale Aktivitäten	Räumliche Auflösung schlechter als beim fMRT, kostspielige Technik
Nahinfrarot-Spektroskopie (NIRS), auch als Optical Topography (OT) bezeichnet	Erfasst Veränderungen der optischen Eigenschaften (Lichtreflexionen) des Gehirns. Diese sind sensitiv für durch neuronale Aktivität bedingte Veränderungen des Sauerstoffgehalts.	Nicht invasiv mit hoher zeitlicher Auflösung	Relativ schlechte räumliche Auflösung
EROS (Event-related optical signalling)	NIRS-ähnliche Methode, die Veränderungen im Membranpotenzial während Aktionspotenzialen erfassen kann	Nichtinvasiv mit hoher räumlicher und zeitlicher Auflösung	Erfasst nur Signale, die nahe der Kopfoberfläche erzeugt werden; (noch) nicht sehr verbreitet.
Transkranielle Magnetstimulation (TMS)	Durch starke Magnetfelder wird neuronale Aktivität in bestimmten Gehirnregionen induziert oder gehemmt. So kann u. a. die Funktion bestimmter Regionen ermittelt werden.	Nichtinvasiv, hohe zeitliche und räumliche Auflösung	Mögliche negative Nebenwirkungen schränken die Anwendbarkeit (etwas) ein.

Abb. 1. Übersicht über neurowissenschaftliche Messmethoden aus: Koelsch/Schröger 2008, S. 410/411

Zusammenfassend kann gesagt werden, dass die „Kenntnisse über die hirnphysiologischen Grundlagen und die funktionelle Anatomie der musikalischen Zeitverarbeitung […] bislang unvollständig und widersprüchlich" (Altenmüller et al. 2000: S. 60) sind. Vielen Hypothesen (etwa der Annahme, dass Sprache in der linken Gehirnhälfte, Musik in der rechten verarbeitet werde) wurde in zahlreichen Untersuchungen nachgegangen. Einheitliche Ergebnisse lassen aber auf sich warten. Vielmehr lässt die Heterogenität der Befunde darauf schließen, dass es ein ‚Musikzentrum' oder auch ein ‚Rhythmuszentrum' im Gehirn nicht gibt (vgl. ebd.: S. 74; Schuppert 2008: S. 613). Schuppert begründet diese Annahme auch damit, dass ein vollständiger Ausfall der Verarbeitung von Musik bislang noch nie beobachtet werden konnte (vgl. Schuppert 2008: S. 613).

Es ist wohl die Individualität des Menschen sowie die Komplexität des Gehirns wie auch der Musik, die es zu beachten gilt. Beispielsweise wirkt sich das Ausmaß an Erfahrung, das ein Mensch mit Musik gemacht hat, auf die Vorgänge aus, wie Musik im Kopf verarbeitet und organisiert wird.

> „Musik wird von Laien eher ganzheitlich wahrgenommen, was einer eher rechtshemisphärischen Leistung entspricht, wohingegen das analytische Hören des Experten eher linkshemisphärisch zu lokalisieren ist" (Spitzer 2009: S. 211).

Zudem ist das Gehirn auch nach Abschluss der Gehirnreifung äußerst plastisch, d. h. es passt sich ständig den ganz individuellen Gegebenheiten und der Lebenserfahrung eines Menschen an (vgl. Evers 2005: S. 54). Dadurch ermöglicht es nicht nur die Regeneration gestörter Funktionen (siehe oben), sondern macht sich selbst auch zu etwas Einzigartigem (vgl. Spitzer 2009: S. 174).
Bedenkt man weiters, dass Musik/Musizieren nicht nur das Hören und Analysieren betrifft, sondern auch motorische und emotionale Fertigkeiten sowie Fähigkeiten voraussetzt bzw. ebensolche Reaktionen hervorruft, wundert es nicht, „dass neueste Studien zur Repräsentation von Musik im Gehirn ergaben, dass praktisch *das gesamte Gehirn* zur Musik beiträgt" (ebd.: S. 212).

> „Wesentlich festzuhalten ist, dass je nach musikalischer Vorbildung, nach individueller Hörstrategie, nach aktuellen Anforderungen und nach momentaner Befindlichkeit individuell gebildete und über beide Hirnhälften weit verzweigte neuronale Netzwerke zu einem unterschiedlichen Grad aktiviert werden. Unser Gehirn bildet also die individuelle musikalische Biographie ab. Somit trägt wohl jeder von uns seinen eigenen Mozart in sich" (Altenmüller et al. 2000: S 76).

4.2. Die kognitiv-strukturelle Dimension der Rhythmuserfahrung

Wie also können Rhythmen wahrgenommen werden? Anders gesagt: Wie kann der/die HörerIn aus einem komplexen akustischen Signal zeitliche Informationen extrahieren und identifizieren (vgl. Schulze 2005: S. 453) bzw. die ‚Erregungszustände' in ‚Zeitgestalten' umwandeln (vgl. Gerischer 2003: S. 53)?

Grob gesprochen fasst der Mensch bei der Wahrnehmung von Rhythmus die Klangereignisse zu Gruppen oder Gestalten zusammen, deren innere Struktur sich aus verschiedenen Faktoren wie der zeitlichen Abfolge oder der Akzentuierung ergibt. Dabei kommt der regelmäßigen Wiederholung von Klanggestalten große Bedeutung zu, denn die Vorhersehbarkeit, also die Erfüllung von Erwartung bzw. die Möglichkeit der Antizipation, wird als grundlegende Bedingung für die Wahrnehmung einer rhythmischen Pulsation gesehen (vgl. Gerischer 2003: S. 52).

Der Mensch will gestalten und ordnen, nicht zuletzt weil ihm dadurch die Informationsverarbeitung erleichtert wird. Er stößt dabei aber auch auf Grenzen seiner Auffassungsgabe und ist auf die Regeln seines Kulturkreises angewiesen. Musikalischer Rhythmus entsteht erst im subjektiven, objektiven und kulturellen Kontext.

4.2.1. Zeitliche Wahrnehmungsgrenzen und Tempoabhängigkeit

Um einen kontinuierlichen Klangstrom in kleinere Einheiten zu unterteilen, müssen Impulse als zusammenhängend bzw. nicht zusammenhängend erkannt werden. Dies geschieht in bedeutendem Maße über das Tempo, also den zeitlichen Abstand zwischen den akustischen Signalen. Ist der Abstand zu groß, werden die Signale als isoliert wahrgenommen (vgl. Schulze 2005: S. 455). Umgekehrt können Impulse nicht unterschieden werden, wenn sie zu nah beieinander liegen.

> „At one extreme, we can shorten the interval between the onsets of adjacent elements. If the interval is short enough, the elements are no longer perceived as one element following another but as continuous. [...] At the other extreme, we can lengthen the interval between the onsets of adjacent elements. If the interval is too long, the individual elements are no longer perceived as following one another but as single, isolated elements" (Handel 1989: S. 385).

Rhythmische Wahrnehmung kann sich nur innerhalb dieser Grenzen abspielen. Eine Unter- bzw. Überschreitung derselben hätte den Zerfall des musikalischen Zusammenhanges und den Verlust von Rhythmus und Melodie zur Folge.

Die konkreten Zeitangaben diesbezüglich variieren in der Literatur stark. Fraisse beruft sich in seinem vielfach zitierten Aufsatz von 1982 auf den Artikel *Rhythm* des Psychologen Thaddeus Bolton aus dem Jahr 1894. Die zeitlichen Grenzwerte werden in Boltons Untersuchung mit 115 ms (Millisekunden; untere Grenze) und 1580 ms (obere Grenze) angegeben (vgl. Fraisse 1982: S. 156). Auhagen spricht in diesem Zusammenhang von den Grenzwerten 500 bpm (Schlägen pro Minute) und 33 bpm (vgl. Auhagen 2008: S. 439). Demgegenüber geht Handel davon aus, dass ein akustischer Reiz mindestens 50 ms hinter dem vorherigen Reiz liegen müsse, um als neues Ereignis wahrgenommen zu werden (vgl. Handel 1989: S. 385). Hirsh gibt sogar eine weit niedrigere zeitliche Wahrnehmungsschwelle an, hebt jedoch einschränkend hervor, dass bei zu geringem Abstand der einzelnen Klicks die genaue Reihenfolge derselben nicht mehr bestimmt werden kann:

> „Whereas a temporal interval of about 2 msec between two brief sounds appears to be sufficient to enable a listener to report that there are two sounds, and not one, a considerably greater interval must elapse if the listener is to report correctly the order in which the sounds occurred. This greater temporal interval appears to be about ten times larger, or about 17 msec for the judgements to be 75 % correct."
> (Hirsh 1959: S. 767)

Die zeitliche Wahrnehmung von Klangereignissen hängt also auch von der Art der akustischen Reize ab. Bei länger andauernden Tönen hat man im Gegensatz zu kurzen Klicks etwa zwangsläufig mit Einschwingvorgängen zu tun, wobei „der subjektive Klangeinsatzzeitpunkt [...] hinter dem objektiv zu erwartenden Einsatzzeitpunkt liegt" (Reuter 1995: S. 223 f.). Der niederländische Musikwissenschaftler Rudolf Rasch konnte in seinen Experimenten feststellen, dass ein Klang erst wahrgenommen werden kann, wenn seine Amplitude 17,5-50 % der Maximalamplitude (20-70 dB) erreicht hat (in: Reuter 1995: S. 224). Bei Musikinstrumenten mit längerer Einschwingzeit ist demzufolge auch ein entsprechend größerer Abstand zwischen den einzelnen Tönen möglich, um die Töne noch als synchron zu erkennen.

Das Tempo einer akustischen Reizfolge ist in vielerlei Hinsicht mit der Rhythmuswahrnehmung verbunden, etwa auch bezüglich der bereits erwähnten ästhetischen Qualität rhythmischer Ordnung. Beispielsweise wirken Rhythmen in schnellerem Tempo nicht nur beweglicher und damit ‚leichter', sondern auch ‚schöner', „da die Schnelligkeit wohl die für eine positive ästhetische Wertung notwendige Bedingung eines gewissen Maßes an Information/Zeiteinheit erfüllt" (de la Motte 1968: S. 85).

4.2.2. Akzentuierung von Klängen

Um die Ausführungen der folgenden Kapitel zu verstehen, muss an dieser Stelle dem Begriff der ‚Akzentuierung' nähere Beachtung geschenkt werden. Eine Akzentuierung im Sinne einer Betonung oder Gewichtung geht nicht zwangsläufig mit einer Erhöhung der Lautstärke einher. Der schwedische Musikwissenschaftler Ingmar Bengtsson machte bereits 1963 auf solche „Wahnvorstellungen" aufmerksam und stellt klar, dass Betonungs-Wahrnehmung durch die Veränderung aller möglichen physikalischen Variablen bedingt werden kann (vgl. Bengtsson 1963: S. 277).

Pfleiderer führt in diesem Sinne eine ganze Reihe von Faktoren an, die zur Akzentuierung eines Klangereignisses beitragen können (vgl. Pfleiderer 2006: S. 64 ff.):

→ Ein lauteres Ereignis erscheint akzentuiert.
→ Ein längeres Ereignis erscheint akzentuiert.
→ Ein Ereignis, das in Klangfarbe oder Artikulationsweise von den umgebenden Ereignissen abweicht, erscheint akzentuiert.
→ Das Klangereignis nach einem Tonhöhensprung erscheint akzentuiert.
→ Die Klangereignisse an den Extrempunkten des Tonhöhenverlaufs (tiefster oder höchster Ton) erscheinen akzentuiert.
→ Fällt ein Ereignis auf einen metrisch betonten Zeitpunkt oder besitzt es eine harmonisch wichtige Tonhöhe, so erscheint es akzentuiert.

Faktoren wie die Musikalität oder Nationalität des Hörers/der Hörerin beeinflussen die Wahrnehmung zusätzlich. Jedoch kann diesen Faktoren hier nicht nachgegangen werden. Es soll lediglich der Blick für die Vielschichtigkeit des – in der Musiktheorie oft allzu einseitig verwendeten – Begriffes der ‚Akzentuierung' geschärft werden.

4.2.3. Gruppierung von Klangfolgen

An unsere Ohren dringt ständig eine diffuse Klangmischung aus der uns umgebenden auditiven Szenerie. Dennoch sind wir in der Lage, akustische Botschaften zu entschlüsseln und über den Höreindruck die Wirklichkeit zu rekonstruieren. Bregman (vgl. 1990) spricht dabei vom Prozess der auditorischen Szenenanalyse („auditory scene analysis“). Aus einem kontinuierlichen Strom von Luftdruckschwankungen können einzelne, gegeneinander abgrenzbare auditive Ereignisse wahrgenommen sowie parallel erklingende Klangströme verfolgt und den unterschiedlichen Klangquellen zugeordnet werden. An der Aufspaltung der auditiven Szenerie in Klangströme („auditory stream segregation“) sind vielerlei Faktoren beteiligt.

> „Many of the factors that favor the grouping of a sequence of auditory inputs are features that define the similarity and continuity of successive sounds. These include their fundamental frequency, their temporal proximity, the shape of their spectra, their intensity, and their apparent spatial origin. These characteristics affect the sequential aspect of scene analysis“ (Bregman 1990: S. 649).

Immer geht es also um die Unterteilung des Klangstromes in Gruppen oder Gestalten und immer arbeiten unsere Wahrnehmungssysteme dabei automatisch. Wir sind sogar dermaßen auf Gruppierungen eingestellt, dass wir diese auch dann wahrnehmen, wenn sie physikalisch gar nicht existieren. Dieser Sachverhalt soll im folgenden Abschnitt näher erläutert werden.

4.2.3.1. Subjektive Rhythmisierung

Erstmals 1885 vom Psychologen Georg Dietze entdeckt und in seinen *Untersuchungen über den Anfang des Bewußtseins bei regelmäßig aufeinander folgenden Schalleindrücken* beschrieben, hat Bolton in seiner Pionierstudie (vgl. Kapitel 4.2.1.) den als ‚subjektive Rhythmisierung‘ bezeichneten Tatbestand aufgegriffen (vgl. Spitznagel 2000: S. 19). Demnach nimmt der/die RezipientIn selbst dann Gruppierungen wahr, wenn diese auf Objektseite gar nicht existieren. Eine isochrone Impulsfolge, deren Elemente sich hinsichtlich Intensität, Zeitdauer und Tonhöhe gleichen, wird dabei vorzugsweise in Gruppen von zwei, drei oder vier Pulsen unterteilt. Der erste Schlag jeder Gruppe erscheint akzentuiert und die Pausen zwischen den Gruppen erscheinen länger als innerhalb derselben.

Handel hat diese Sachverhalte anschaulich dargestellt (siehe Abbildung 2, Beispiel (a)).

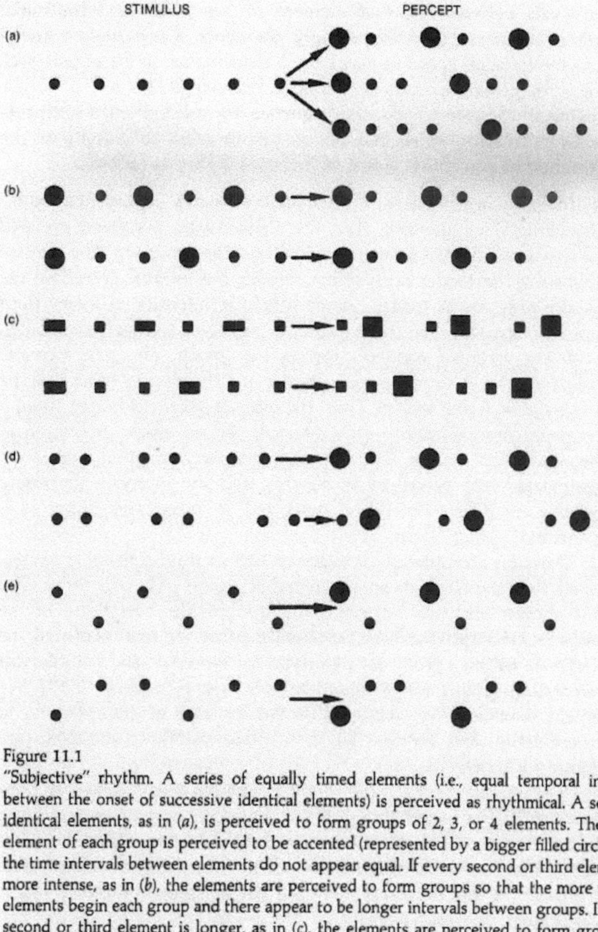

Figure 11.1
"Subjective" rhythm. A series of equally timed elements (i.e., equal temporal intervals between the onset of successive identical elements) is perceived as rhythmical. A series of identical elements, as in (*a*), is perceived to form groups of 2, 3, or 4 elements. The initial element of each group is perceived to be accented (represented by a bigger filled circle), and the time intervals between elements do not appear equal. If every second or third element is more intense, as in (*b*), the elements are perceived to form groups so that the more intense elements begin each group and there appear to be longer intervals between groups. If every second or third element is longer, as in (*c*), the elements are perceived to form groups so that the longer duration elements are the last elements of each group, the longer duration elements appear accented, and there appear to be longer intervals between groups. If every second interval between two elements is increased so that the elements form groups temporally, as in (*d*), then the first elements of each group appears accented if the longer interval is slightly greater than the other intervals, but the last element of each group appears accented if the longer interval is much greater than the other interval. If the elements are different frequencies, as in (*e*), then the elements are perceived to form groups so that the higher-pitch element begins each group and appears accented, and the interval between groups appears longer. If one note occurs less often, it may appear to be accented and begin each group.

Abb. 2. Subjektive Rhythmisierung,
Wechselwirkung zwischen Akzentuierung und Gruppierung
aus: Handel 1989, S. 387

Hinsichtlich der subjektiv wahrgenommenen Gruppierung spielt das Tempo ebenfalls eine entscheidende Rolle. Eine zu langsame Impulsfolge (ab ca. 1000 ms Intervallabstand) zerfällt in Einzelereignisse und kann nicht mehr gruppiert werden. Ein mittleres Tempo (ca. 400-600 ms) führt überwiegend zur Wahrnehmung von Zweier- oder Vierergruppen. Der subjektive Eindruck einer Gliederung in Dreiergruppen kommt hingegen erst bei höherem Tempo (ca. 200 ms) zustande. Grundsätzlich erhöht sich die Anzahl der Ereignisse pro Gruppierung mit dem Tempo der Schlagfolge (vgl. Kopiez 2005: S. 132 f.).

Handel hat den Prozess der subjektiven Rhythmisierung auch auf Impulsfolgen ausgeweitet, deren Elemente nicht identisch sind, sondern sich in ihrer Qualität unterscheiden (vgl. Handel 1989: S. 388 f.). Eine grafische Darstellung hierzu findet sich in den Beispielen (b) bis (e) in Abbildung 2. Auf eine detaillierte verbale Ausführung der Sachverhalte verzichte ich hier bewusst. Die Grafik und die beigefügten Worte sprechen für sich. Eines sei aber zusammenfassend gesagt:

> „Die Akzentuierung bestimmter Klangereignisse steht mit der wahrgenommenen Gruppierung in enger Wechselwirkung. Einerseits haben Unterschiede im Akzentuierungsgrad der Klangereignisse – sei es in der Lautstärke, der Tondauer, der Tonhöhe oder in der Stellung innerhalb der melodischen Kontur – Rückwirkungen auf die Gruppenbildung. Andererseits wird durch die Gruppierung der wahrgenommene Grad der Akzentuierung, vor allem die wahrgenommene Lautstärke, beeinflusst“ (Pfleiderer 2006: S. 66).

Rhythmuswahrnehmung muss wieder als aktiver, gestaltender Prozess gesehen werden.

4.2.3.2. Gestaltpsychologische Prinzipien

Setzt man eine Folge zweier abwechselnder Impulse unterschiedlicher Frequenz (wie in Abbildung 2, Beispiel (e)) erneut in Beziehung zum Tempo, so kommt es – „if the alternation is fast enough and the frequency separation great enough“ (Bregman 1990: S. 642) – durch die auditorische Szenenanalyse zu einer Aufspaltung einer Klangfolge in zwei Klangströme (siehe Abbildung 3).

> „Hören wir […] zwei Töne abwechselnd, jeweils langsam, also z. B. einen in der Sekunde, dann hören wir *eine* Sequenz abwechselnder Töne. Steigert man jedoch die Geschwindigkeit, so schlägt die Wahrnehmung irgendwann um und wir hören *zwei* Reihen von Tönen. Dieser Um-

schlag erfolgt eher, wenn die Töne weiter auseinander liegen, was man sich […] leicht anhand der visuellen Analogie verdeutlichen kann“ (Spitzer 2009: S. 127/128).

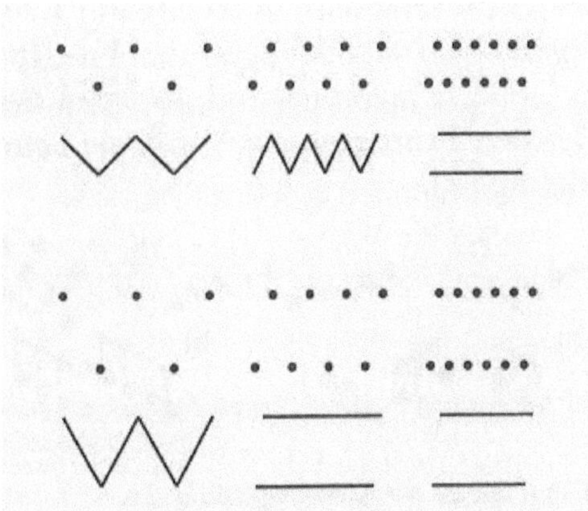

Abb. 3. Gruppierung durch Nähe in der Zeit und im Frequenzraum aus: Spitzer 2009, S. 128

Viele Komponisten nutzen diese Eigenschaft menschlicher Wahrnehmung, um in Werken für ein Melodieinstrument ohne Begleitung Mehrstimmigkeit vorzutäuschen (vgl. Auhagen 2008: S. 439).

Es sind sogenannte ‚Gestaltgesetze‘, die hierbei wirksam werden, etwa das Prinzip der zeitlichen Nähe, der Ähnlichkeit oder des bruchlosen Verlaufes (vgl. ebd.: S. 439).

Wie schon im vorigen Abschnitt hinsichtlich der subjektiven Rhythmisierung einer nicht-isochronen Klangfolge gezeigt werden konnte, tendiert der Mensch dazu, Klänge, die nahe beieinander liegen, zu Gruppen zusammenzufassen.

Es können aber auch Ähnlichkeiten in der Tonhöhe, der Klangfarbe, der Lautstärke, der Tondauer, der Artikulation oder der räumlichen Position der Schallquelle sein, die ausschlaggebend für die Gruppenbildung sind (vgl. Pfleiderer 2006: S. 60 f.).

Bei der ‚künstlichen‘ Mehrstimmigkeit werden demzufolge Töne gruppiert, die sich in ihrer Tonhöhe ähneln, wodurch innerhalb der Tongruppen Brüche, d. h. große Intervallsprünge, vermieden werden.

Es sei noch einmal festgehalten: Die Herstellung von Ordnung geschieht automatisch und „bewirkt die Entstehung von gehörten Gestalten“ (Spitzer 2009: S. 127). Durch Letztere wiederum wird uns die Möglichkeit der Orientierung in der Umwelt und der Musik gegeben.

> „Nur weil es die Prozesse der Gruppierung gibt, gibt es Melodie und Rhythmus. Umgekehrt kann sich Gruppierung auf Melodie oder auf Rhythmus oder auf beides beziehen. Was jeweils geschieht, ist die Ordnung des akustischen Inputs. Die Prinzipien dieser Ordnung sind dadurch geprägt, dass sie die Welt – so wie sie ist – aus den spärlichen Daten unserer Sinnesorgane rekonstruieren“ (Spitzer 2009: S. 128).

4.2.4. Psychologische Gegenwart

Das Gehör fasst den wahrgenommenen Klangstrom in Gruppen zusammen. Es strukturiert und ordnet und wird dabei – wie ich bereits dargelegt habe – vom Tempo der akustischen Reizfolge beeinflusst. Während es hinsichtlich der unteren Zeitgrenze, bei der zwei Impulse gerade als nicht mehr gleichzeitig wahrgenommen werden, Unstimmigkeiten gibt, gilt der Grenzwert, ab dem ebensolche nicht einmal mehr aufeinander folgend, sondern getrennt erlebt werden, eher als gesichert. Er liegt bei 1,5–2 Sekunden (vgl. Handel 1989: S. 385) und steht in engem Zusammenhang mit der sogenannten ‚psychologischen Gegenwart‘.

Damit ist das Zeitfenster gemeint, in dem alle Bewusstseinsinhalte ohne Erinnerungsleistungen direkt verfügbar sind (vgl. Pfleiderer 2006: S. 62). Bezogen auf die zeitliche Wahrnehmung akustischer Ereignisse bedeutet das, dass einzelne Töne und kürzere oder längere rhythmische Muster als gegenwärtig erlebt werden können, selbst wenn sie über mehrere Sekunden ausgedehnt werden.

Wahrnehmung geht demnach in Abschnitten vor sich. Da sich das Zeitfenster der psychologischen Gegenwart mit Überlappungen stetig verschiebt, wird sowohl „eine Orientierung in die unmittelbare Vergangenheit als auch eine Orientierung in die Zukunft (Antizipieren) ermöglicht“ (ebd.: S. 63).

Es sind also Gedächtnisprozesse, die wirksam werden, sobald man sich mit Musik auseinandersetzt.

> „Gäbe es kein Gedächtnis, so gäbe es auch keine Musik. Musik ist eine Struktur in der Zeit. Musik fängt nur dann an, überhaupt zu existieren,

> wenn Vergangenes und Gegenwärtiges in Beziehung gesetzt werden, und dazu bedarf es der Funktion des Gedächtnisses."
> (Spitzer 2009: S. 115)

Hinsichtlich der psychologischen Gegenwart ist es das Kurzzeitgedächtnis, auch ‚Arbeitsgedächtnis' genannt, das sich in den Wahrnehmungsprozess einbringt (vgl. u. a. Pfleiderer 2006: S. 62 ff.). In ihm können einige wenige Informationen für den unmittelbaren Gebrauch aufbewahrt werden. Als Standardbeispiel für das Arbeitsgedächtnis im visuellen Bereich führt Spitzer die Telefonnummer an, „die wir nachschlagen, im Gedächtnis behalten, wählen und dann auch schon wieder vergessen haben" (Spitzer 2009: S. 117). Bei akustischen Inhalten verhält es sich ähnlich. Die Töne einer Melodie beispielsweise müssen ‚online' gehalten werden, um sie zueinander in Beziehung zu setzen und dadurch die Melodie als Melodie überhaupt zu hören (vgl. ebd.: S. 115). Der musikalische Rhythmus kann erst durch seine kleine, überschaubare zeitliche Dimension wahrgenommen und verstanden werden (vgl. Pfleiderer 2006: S. 53).

Was die exakte Dauer der Zeitspanne der psychologischen Gegenwart betrifft, so gibt es in der Literatur Widersprüchlichkeiten. Es ist aber davon auszugehen, dass sie durchschnittlich drei Sekunden beträgt (vgl. Beck 2002: S. 464).
Pfleiderer macht zudem auf eine andere Darstellung der Maximaldauer aufmerksam: „Manche Autoren beziehen die Obergrenze auf die Anzahl der erklingenden Töne und kommen hier auf Folgen von sieben bis fünfzehn Tönen" (Pfleiderer 2006: S. 63).

Allgemeine Einigkeit besteht in der Annahme, dass die momentane Erinnerungsleistung bei Bekanntheit des musikalischen Materials größer ist. Ist der Inhalt vertraut, kann auch mehr davon bereitgehalten werden. Im Hinblick auf die musikalische Wahrnehmung erklärt sich dadurch nicht nur die Wichtigkeit der Gruppierung von Impulsen zu wiederkehrenden Figuren, sondern auch die Bedeutung des Langzeitgedächtnisses. Es ist nämlich Letzteres, das das Wissen über Musik oder persönliche musikalische Erlebnisse langfristig abspeichert.

> „Wissensstrukturen des Langzeitgedächtnisses, seien es nun konkrete musikalische Erinnerungen oder aber schematisch aufgebaute Erwartungen über einen regelmäßigen zeitlichen Verlauf, haben demnach direkten Einfluss auf die musikalische Wahrnehmung, auf die Kapazität des musikalischen Arbeitsgedächtnisses und damit auf die Dauer der psychologischen Gegenwart" (Pfleiderer 2006: S. 64).

4.2.5. Kategoriale Rhythmuswahrnehmung

Die immense Leistung des auditiven Wahrnehmungssystems wurde bereits erwähnt. Aus einem kontinuierlichen Strom von Schallwellen können einzelne Ereignisse herausgehört und identifiziert sowie den entsprechenden Schallquellen zugeordnet werden.

Die Sinnesorgane Auge und Ohr liefern im Grunde spärliche Informationen. Sie nehmen lediglich Farbflecken oder Frequenzen wahr und doch ist es uns möglich, daraus Ganzheiten, also sinnvolle Gestalten mit ganz bestimmten Informationen, zu rekonstruieren.

Wahrnehmung muss demzufolge als kategorischer Prozess verstanden werden (vgl. Gerischer 2003: S. 54). Das bedeutet, dass aus der Fülle der visuellen oder akustischen Reize immer jene Informationen herausgefiltert werden, die einer Gestalt zugeordnet werden können (vgl. ebd.: S. 54).

> „Dabei werden sowohl die Qualitäten dieser Reize wahrgenommen, als auch ihre Bedeutung entschlüsselt. Eine Eiche ist ein bestimmter Baum und nicht nur eine Ansammlung von Stamm, Ästen und Blättern in besonderer Form. Wir hören einen Vogel, einen Traktor oder Musik und nicht Zwitschern, Rumpeln oder akustische Wellen."
> (Gerischer 2003: S. 56)

Obwohl ein anderer Ausgangspunkt gewählt wurde, kommt man letztlich wieder zur Erkenntnis, dass Wahrnehmung – auch das Hören und die Rhythmuswahrnehmung – ein aktiver, gestaltender, kognitiver Prozess ist.

Die eintreffenden Impulse werden stets mit bereits gespeicherten Informationen verglichen. Somit darf der persönliche und kulturelle Hintergrund auch hier nicht außer Acht gelassen werden. Schließlich wird beispielsweise die Zuordnung eines akustischen Signals zu seinem Verursacher im Verlauf der Lebenserfahrung erlernt. „Auch musikalische Stile werden als solche erst mittels einer Wiedererkennung innerhalb einer kulturellen Tradition wahrgenommen" (Gerischer 2003: S. 56).

Der englische Musikpsychologe Eric F. Clarke hat sich auf dem Gebiet der kategorialen Rhythmuswahrnehmung verdient gemacht (vgl. u. a. Clarke 1987). Er führte vielbeachtete Experimente mit Musikstudenten und Pianisten durch, wobei er diesen eine einfache Melodie präsentierte, die einerseits in zwei verschiedenen metrischen Kontexten erschien, andererseits zudem Variationen der

Tondauer zweier Töne aufwies. Die Probanden hatten keinerlei Schwierigkeiten damit, die nuancenhaften Veränderungen der Tonlängen zu tolerieren und so zu interpretieren, dass sie in den bestehenden metrischen Rahmen passen. Fricke spricht in diesem Zusammenhang vom „Zurechthören" (Fricke 1997: S. 411).

> „Abweichungen von den strengen, mathematisch genauen Proportionen des Rhythmus sind in der Ausübung der Musik die Regel; sie werden als Agogik und Rubato gezielt zur musikalischen Gestaltung eingesetzt. Solche Varianten der Realisation sind nur verständlich vor dem Hintergrund einer festgefügten internalisierten Norm. Nur weil es das Zurechthören gibt, dieses Beziehungen herstellende Denken zur Verknüpfung von Norm und Realisation, ist agogische Gestaltung nicht nur möglich, sondern auch verständlich und gefühlsmäßig nachzuvollziehen" (Fricke 1997: S. 411).

Auch Rhythmus wird also kategorisch wahrgenommen. Offenbar hat sich in europäischen HörerInnen ein metrischer Bezugsrahmen etabliert, der sich immer dann aktiviert, wenn Musik rezipiert wird. Die Tonlängen in einem bestimmten Bereich um den theoretisch exakten Standardwert – der sich aus dem Grundtempo ergibt – werden dabei zu einer gemeinsamen Kategorie zusammengefasst. Fällt eine Dauer „in diesen Bereich, so ‚rastet' die Wahrnehmung auf dem richtigen Wert ein [...], ohne dass uns die leichte Abweichung störend auffällt" (Fricke/Louven 2008: S. 422).

Dies geschieht wie die Gruppierung von Klangfolgen ganz automatisch und auch hier geht es um das Herstellen von Ordnung, um das Strukturieren und damit letztlich um das Verstehen rhythmischer Impulse.

> „In rhythm perception a crucial invariant to pick up is metre. [...] Rhythm perception may therefore be regarded as finding invariant properties in a multi-dimensional perceptual space for the durational information of a musical performance" (Clarke 1987: S. 33).

Anschließend daran werden im nächsten Abschnitt einige Gedankengänge und Theoriemodelle vorgestellt, die sich mit dem Metrum – speziell mit dessen Wahrnehmung und Bedeutung für die Rhythmuswahrnehmung – auseinandersetzen.

4.2.6. Wahrnehmung von Metrum

Das Erkennen und Verstehen einer rhythmischen Impulsfolge setzt das Gruppieren derselben voraus. Maßgeblichen Einfluss darauf haben das Tempo des auditiven Reizstromes und der Akzentuierungsgrad der einzelnen Impulse. Innerhalb der eigenen Kultur erlernte bzw. übernommene Hörgewohnheiten wirken sich ebenfalls auf die Art der Gruppenbildung aus.

Ein weiterer Prozess wird „derzeit als für die Rhythmuswahrnehmung zentral angesehen: […] die Bestimmung eines dem Rhythmus zugrundeliegenden Pulses“ (Auhagen 2008: S. 438).

4.2.6.1. Metrische Hierarchie

Eine Grundpulsation ist in der Musik meistens periodisch organisiert und wird als Metrum bezeichnet. Durch Akzentuierung einzelner Pulse können mehrere metrische Ebenen entstehen. Beispielsweise führt die Akzentuierung jedes zweiten Ereignisses einer Pulsfolge zu einer zweiten metrischen Ebene, deren Tempo nur noch halb so schnell ist (Metrum X = Tempo X, Metrum Y = halbes Tempo X).

Pfleiderer spricht in diesem Zusammenhang von einer „metrischen Hierarchie“ und führt zwei Grafiken zu deren Verdeutlichung an (siehe Abbildungen 4a und 4b). Während die erste Abbildung (4a) ein streng hierarchisch organisiertes Metrum mit fünf Ebenen zeigt und somit ein Musikstück mit besonderer metrischer ‚Tiefe‘, handelt es sich bei der zweiten Abbildung (4b) um eine bedeutend ‚flachere‘ Hierarchie. Es werden – jeweils in der mittleren Punktreihe – Rhythmen dargestellt, die sich zwar zyklisch wiederholen, deren Einheiten innerhalb eines Zyklus aber unterschiedlich lang sind. Streng periodische Ebenen erklingen demnach nur zwei.

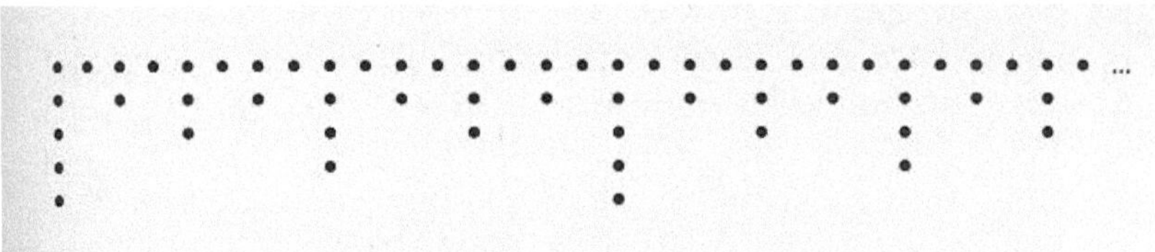

Abb. 4a. ‚Tiefe‘ metrische Hierarchie
aus: Pfleiderer 2006, S. 71

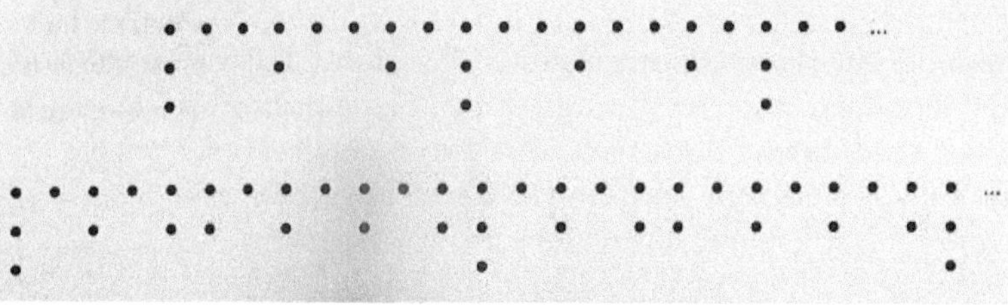

Abb. 4b. ‚Flache' metrische Hierarchie
aus: Pfleiderer 2006, S. 72

Für die Verarbeitung von Rhythmen scheint es also wichtig zu sein, die gehörten Klangfolgen auf ein metrisches Bezugssystem zu beziehen. Erinnert sei noch einmal an das Phänomen der Antizipation als grundlegende Bedingung für die Rhythmuswahrnehmung (vgl. Gerischer 2003: 52).

> „Metrische Periodizitäten erzeugen einen schematischen Erwartungsrahmen, der die Aufmerksamkeit auf bestimmte zukünftige Zeitpunkte bzw. auf die dann erklingenden Ereignisse lenkt. Durch diese zukunftsorientierte Aufmerksamkeitslenkung werden Prozesse der musikalischen Informationsverarbeitung sowie der körperlichen und sozialen Synchronisation erleichtert" (Pfleiderer 2006: S. 70).

Je mehr metrische Ebenen ein Musikstück aufweist, anders gesagt, „je besser ein rhythmisches Zeitmuster mit einem metrischen Schema übereinstimmt, desto stärker werden kognitive Verarbeitungsprozesse erleichtert" (Pfleiderer 2006: S. 72).

Povel und Essens (1985) konnten genau das in ihren Experimenten nachweisen. Dabei ließen sie Probanden unter anderem verschiedene Rhythmen mit unterschiedlichen Graden an metrischer Organisation nachklopfen. Aufgrund des Aufbaus der einzelnen Rhythmen ergaben sich wahrgenommene Akzentuierungen, je nach Rhythmus mal mehr, mal weniger. Die Ergebnisse der Versuche sind nicht überraschend:

> „Je mehr akzentuierte Ereignisse mit Einheiten eines (hypothetischen) internen Pulses zusammenfallen, desto präziser können die Folgen im Gedächtnis behalten und reproduziert werden" (Auhagen 2008: S. 441).

4.2.6.2. Metrische Akzente

In einem der drei Experimente konnten Povel und Essens zudem nachweisen, dass die Art des metrischen Bezugsrahmens großen Einfluss auf die Wahrnehmung der rhythmischen Struktur hat. Anders als in den Versuchen zuvor war die Grundpulsation nun allerdings tatsächlich hörbar und musste nicht erst durch die Probanden individuell empfunden werden.

Versieht man ein Metrum – zusätzlich zur periodisch organisierten Grundpulsation – mit „einer Folge von Betonungen oder Akzenten unterschiedlicher Gewichte innerhalb der Periode" (Schulze 2005: S. 452), so kann man beispielsweise ein Vierer-Metrum von einem Dreier-Metrum unter anderem dadurch unterscheiden, dass einmal der erste und der dritte Schlag einer vier Zählzeiten dauernden Periode stärker gewichtet erscheinen, im anderen Fall nur der erste von jeweils drei Schlägen.

In diesem Sinne wurde den Versuchspersonen des Experiments von Povel und Essens ein und derselbe Rhythmus in eben diesen zwei unterschiedlichen metrischen Kontexten präsentiert. „The subject is then asked whether (s)he has recognized that the two stimuli contained the same rhythm or temporal pattern. Nine out of 10 times the answer will be negative" (Povel/Essens 1985: S. 432). Abbildung 5 zeigt zwei der zwölf Rhythmuspaare des Experimentes:

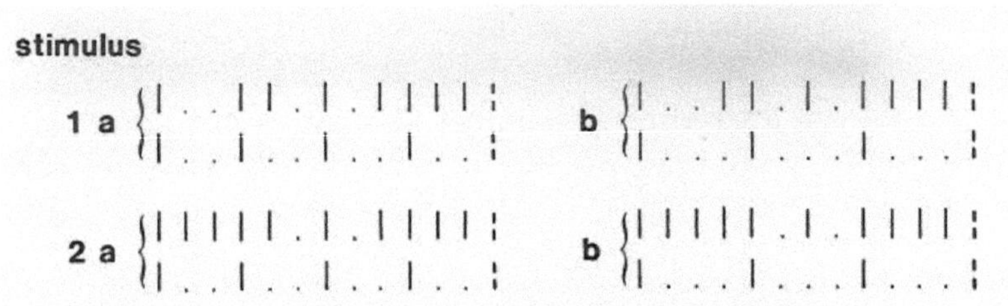

Abb. 5. Rhythmuspaare mit zwei unterschiedlichen metrischen Bezugsrahmen aus: Povel/Essens 1985, S. 434

Die Unfähigkeit, die Rhythmuspaare als identisch zu erkennen, hängt wieder mit der Wahrnehmung des Rezipienten/der Rezipientin zusammen.

> „Klangereignisse, die mit metrisch stark gewichteten Zeitpunkten zusammen fallen, werden als besonders akzentuiert wahrgenommen – sie besitzen einen sog. metrischen Akzent. Die Akzentuierungsstruktur wiederum prägt maßgeblich die Wahrnehmung des Rhythmus der Klangfolge" (Pfleiderer 2006: S. 77).

4.2.6.3. *Modelle der Induktion von Metrum*

In Kapitel 6 wird unter anderem angedacht, ob alle Menschen in gleichem Maße eine gehörte Musik mit einem metrischen Bezugssystem in Verbindung bringen bzw. ab wann Kinder dazu in der Lage sind.

An dieser Stelle soll uns nun die Frage beschäftigen, wie sich ein solch „metrisches Orientierungsraster“ (Pfleiderer 2006: S. 77) überhaupt in den HörerInnen aufbauen kann.

Die Fülle an Erklärungsansätzen und Experimenten diesbezüglich ist enorm und eine lückenlose Auflistung erscheint unmöglich. Um aber trotzdem auf diese – auch im Hinblick auf die Induktion von Bewegung – wichtige Fragestellung einzugehen, wurde ein vereinfachter Weg gewählt, wonach als Informationsquelle vor allem die Fachliteratur dienen durfte, die ihrerseits bereits überblicksartige Zusammenstellungen aufweist. Bezogen auf die Induktion von Metrum sind dies (in alphabetischer Reihenfolge): Auhagen 2008: S. 442-444, Pfleiderer 2006: S. 77-84, Schulze 2005: S. 465-478.

Gemeinsam ist allen Arbeiten die Intention, der menschlichen Fähigkeit, eine metrische Pulsation aus der Musik zu extrahieren, auf den Grund zu gehen. Methoden hierfür sind das Hörexperiment und in jüngerer Zeit vor allem am Computer simulierte Modelle. Einig scheinen sich die Autoren auch darin zu sein, dass alle Modelle nur Versuche darstellen können und es noch keine Beweise dafür gibt, „dass die neuronalen und kognitiven Vorgänge im menschlichen Gehirn auf dieselbe Art und Weise funktionieren wie das konstruierte Computermodell“ (Pfleiderer 2006: S. 78). Unterschiede innerhalb der zahlreichen Forschungsansätze bestehen vor allem in der Art der Inputdaten sowie in der Art der Modellierung derselben.

Inputdaten können als das ‚Futter‘ der Computerprogramme gesehen werden. Es sind jene akustischen Signale, die der zeitlichen Analyse unterliegen sollen. Da Versuchssituationen jedoch nie die ganze Wirklichkeit widerspiegeln, muss davon ausgegangen werden, dass die Qualität der verwendeten Reize eher einseitig ist. Die zu untersuchende Fragestellung bedingt eine Schwerpunktsetzung auf die rein zeitliche Dimension der akustischen Daten; melodische, dynamische oder harmonische Aspekte können hingegen kaum berücksichtigt werden. Zudem werden als Input vielfach ausschließlich Informationen aus Notentexten verwendet, was wiederum die Analyse kleinster Temposchwankungen nicht zulässt.

Der derzeitigen Forschung, selbst wenn sie sich der aktuellsten technischen und neurophysiologischen Erkenntnisse bedient, sind also die Hände gebunden. Zu vielschichtig ist das eintreffende Hörerlebnis, zu komplex das Gehirn und zu individuell arbeitet jedes einzelne Gehirn, als dass allgemeingültige Aussagen getroffen werden können.

Will man alle bisherigen Erklärungsversuche dennoch zusammenfassen, so können drei Typen der Modellierung unterschieden werden:

1. Uhrenmodelle

Hierbei wird von der Idee einer inneren Uhr ausgegangen „bzw. einer mehrschichtig gegliederten Uhrenhierarchie, deren Tempo sich nach bestimmten Regeln den Klangfolgen anpasst“ (Pfleiderer 2006: S. 78). Povel und Essens (1985) beispielsweise vertreten eine solche Einstellung. „Die Basiseinheit der Uhr sei nicht fixiert, sondern würde durch das jeweilige rhythmische Muster induziert, ebenso wie die Startposition, ab welcher die Periode gezählt wird“ (Auhagen 2008: S. 440). Der innere Zeitgeber wird also als variabel bzw. anpassungsfähig angesehen. Temposchwankungen können nach diesem Erklärungsansatz durch die lineare Arbeitsweise der Uhren aber trotzdem nicht verarbeitet werden.

2. Oszillatorenmodelle

Als innerer Zeitgeber wird „eine Gruppe von neuronalen Oszillatoren mit fester Periodenlänge (und damit mit fester Frequenz)“ (Auhagen 2008: S. 443) verstanden. Durch das Resonanzprinzip reagieren jeweils immer jene Oszillatoren, deren Frequenz mit derjenigen des akustischen Signals übereinstimmt. Solche non-linearen Oszillatoren können sich nun auch an Tempoveränderungen anpassen. Die Oszillationstheorie von Langner (2002) wird in Kürze näher besprochen.

3. Filtermodelle

„Ein dritter Modellierungsansatz ermittelt die Periodizitäten der eintreffenden Audio-Signale aufgrund eines linearen Filterungsprozesses [...]. Anders als bei den Uhren- und Oszillatorenmodellen deckt sich diese Modellierung mit neurophysiologischen Charakteristika der Sinneswahrnehmung“ (Pfleiderer 2006: S. 79). Direkt aus dem komplexen Schallsignal wird im Millisekundenbereich der Puls zu errechnen versucht. Innerhalb dieser Gruppe ist es die Arbeit von Todd, O'Boyle und Lee (1999), die noch näher interessieren wird, denn darin wird der bedingende Zusammenhang zwischen Rhythmuswahrnehmung und Körperbewegung ausdrücklich diskutiert.

4.2.6.4. Metrum versus Rhythmus?

Die Formulierung dieser Überschrift ist dem Aufsatz von Kopiez (2005) entnommen. Während in früheren Forschungen und Experimenten das Metrum stets eine prominente Größe darstellt und immer im Verhältnis zum Rhythmusbegriff diskutiert wird, macht der deutsche Musikpsychologe Reinhard Kopiez explizit darauf aufmerksam, „dass eine Trennung dieser beiden Merkmale des Rhythmischen nicht sinnvoll ist“ (Kopiez 2005: S. 127).

Auch Gerischer erwähnt Studien, „welche die Verknüpfung von [...] Rhythmuswahrnehmung mit der Identifikation eines Metrums in Frage stellen“ (Gerischer 2003: S. 61). Bereits Helga de la Motte hat in ihren experimentalpsychologischen Untersuchungen von 1968 auf die Problematik dieser Dichotomie hingewiesen. Ihr gefällt der Gedanke, wonach Metrum „ein nicht notwendiges, aber mögliches Moment des Rhythmischen“ sei, allein schon deshalb, da dieser Gedanke „nicht nur an den Takt gebundene Rhythmik, sondern auch außereuropäische und zeitgenössische mit den gleichen Worten zu beschreiben erlaubt“ (de la Motte 1968: S. 14 f.).

Kopiez nennt zudem weitere Gründe für seine These (vgl. Kopiez 2005: S. 130 ff.):

→ Die landläufige Meinung einer Verarbeitung von Metrum und Rhythmus in getrennten Hirnarealen kann nicht eindeutig bestätigt werden (vgl. 4.1.2.).
→ Wie das Phänomen der subjektiven Rhythmisierung zeigt, kann ‚nur‘ Metrum offenbar gar nicht wahrgenommen werden (vgl. 4.2.3.1.).
→ Die Wahrnehmungsoszillatoren arbeiten eigenaktiv und können jeglichen periodischen Input beschreiben (vgl. 4.2.6.3.).

Der letzte Gedanke leitet gleich ins nächste Kapitel über. Stellvertretend für alle Oszillationsmodelle, die sich voneinander zum Teil erheblich unterscheiden, wird die Theorie des deutschen Komponisten, Schulmusikers und Mathematikers Jörg Langner vorgestellt.

4.2.6.5. Die Oszillationstheorie von Jörg Langner

In der Literatur, die dieser Abhandlung als Grundlage dient, findet sich sowohl bei Kopiez (2005) als auch bei Gerischer (2003) eine ausdrückliche Betonung des Stellenwertes der Oszillationstheorie von Langner (2002).

Langner geht davon aus, dass bei der Wahrnehmung von akustischen Rhythmen 4080 neuronale Oszillatoren mit bestimmter Frequenz beteiligt sind, die jeweils durch ein entsprechendes Signal aktiviert werden. Dabei gilt Langners Interesse unter anderem der Wirkung verschiedener Rhythmusbeispiele bzw. der Frage, was ein Rhythmus braucht, um zu gefallen. Das ‚Gefallen' des akustischen Inputs zeigt sich im Computermodell durch besonders starke und abwechslungsreiche Oszillationsmuster, wobei die stärksten Anregungen bei hoher Lautstärke und exaktem Timing aufzutreten scheinen, aber auch bei Momenten der Veränderung. Der/die LeserIn sei noch einmal an die Rhythmusdefinition aus Kapitel 3.2. erinnert, wonach rhythmische Prozesse sich durch ordnende und bewegende Momente charakterisieren. Der Gedanke, dass „das ästhetische Vergnügen an einem Rhythmus aus dem Wechsel von Ordnung und Bewegung" (Kopiez 2005: S. 131) bzw. von Kontinuität und Flexibilität oder von Vorhersehbarem und Unvorhersehbarem resultiert, liegt also nahe.

Kopiez sieht sich durch Langners Modell darin bestätigt, keine Trennung von Metrum (als ordnendem Aspekt des Rhythmus) und Rhythmus (als Bewegung innerhalb des vorgegebenen Maßes) vorzunehmen (vgl. ebd.: S. 129 ff.). Vielmehr seien es die Begriffe ‚Periodizität' (Objektseite) und ‚Oszillation' (Wahrnehmungsseite), die „die beiden Aspekte von Ordnung und Bewegung trotzdem in ein einheitliches Wahrnehmungsmodell integrieren" (ebd.: S 130). Zudem kann durch die Vielzahl der Oszillatoren der Blick von der einfachen metrischen Struktur auf jegliche Periodizitäten des Musikstückes geweitet werden (vgl. Gerischer 2003: S. 62).

Gerischer begründet die Bedeutung dieser jüngeren Theorie zur Rhythmuswahrnehmung vor allem durch deren „Berücksichtigung motionaler Energien" (ebd.: S. 62).

> „Motorische Energie ist ein unbestrittener Teil des Rhythmusempfindens. Die Initiierung dieser motorischen Energie motiviert […]. Gleichzeitig ist eine gleichmäßige innere Pulsation für den Prozess der Antizipation musikalischer Ereignisse und somit auch für die Synchronisation musikalischer Abläufe von Bedeutung. […] Der Begriff Pulsation hat den Vorteil, dass er […] mit der motional-emotionalen Wirkung von Rhythmus korreliert. Eine Pulsation ist auch ein energetisches Bewegungsmuster, das ganz unterschiedlich gestaltet sein kann. Tempo, Lautstärke und Klangqualitäten tragen zur Prägung der jeweiligen Bewegungsenergie bei" (Gerischer 2003: S. 75 f.).

Gerischer sieht allerdings auch Schwachstellen in Langners Oszillationsmodell und erwähnt einige wenige Beispiele, in denen die Bewertungen von VersuchshörerInnen und die Analysen des Computermodells nicht übereinstimmen. Hierfür macht die Autorin mikrorhythmische Phrasierungen verantwortlich, wobei solche Timing-Schwankungen im Modell gewissermaßen als Störungen sichtbar werden, bei den Wahrnehmenden hingegen durchaus positive Anerkennung finden (vgl. Gerischer 2003: S. 62 f.).

Das folgende Kapitel widmet sich solch mikrorhythmischen Phänomenen bzw. ihrer Bedeutung für die Induktion von Bewegungsenergie und stellt somit ein Bindeglied zwischen der kognitiv-strukturellen und der motionalen Dimension der Rhythmuserfahrung dar.

4.3. Mikrotiming

Haben sich bislang alle Erläuterungen vorwiegend auf die Wahrnehmung musikalischer Rhythmen bezogen, sollen in Folge zunehmend die Bereiche Produktion und Wirkung von Rhythmen beschäftigen.

An dieser Stelle muss klargestellt werden, dass die Auseinandersetzung mit Mikrorhythmik – entgegen der bislang eingeschränkten Sichtweise (vgl. Kapitel 2.1.) – die Öffnung des Blickwinkels auch auf Musik außereuropäischer Kulturen und Völker bzw. auf populäre Musik voraussetzt.

4.3.1. Zur Charakteristik mikrorhythmischer Phänomene

Die Fähigkeit des Menschen, Tonlängen, die geringfügig vom metrisch exakten Bezugssystem abweichen, ‚zurechtzuhören', wurde bereits angesprochen. Solche Abweichungen sind in der Musik allgegenwärtig und werden als Mikrotiming oder Mikrorhythmik bezeichnet. Dabei stehen – ähnlich dem gesunden Herzschlag oder der menschlichen Sprache – die sogenannten ‚Interonsetintervalle' (IOI), also die in ms gemessenen Zeitspannen zwischen zwei Schlägen bzw. Toneinsätzen, vielfach nicht in ganzzahligen Proportionen zueinander.

Es lassen sich drei mikrorhythmische Gestaltungsweisen unterscheiden (vgl. Pfleiderer 2006: S. 85 f.):

1. Lokale Temposchwankungen aller Stimmen;
   z. B. klassisch-romantische Musik
2. Mikrotiming-Abweichungen einer Stimme gegenüber der streng metrischen Begleitung; z. B. Solisten in populärer Musik

3. IOIs einer metrischen Ebene sind ungleichmäßig lang, während die nächsttiefere oder nächsthöhere Ebene unbeeinflusst bleibt;
   z. B. ‚Walzer-Viertel'

Mitunter sind Phasenverschiebungen bzw. polyrhythmische oder polymetrische Elemente kompositionstechnisch gewollt (z. B. Minimal Music), meist jedoch sind Mikrotiming-Schwankungen direkt aus dem Notenbild nicht ersichtlich. Sie entstehen etwa aufgrund unterschiedlicher Einschwingzeiten der verschiedenen Musikinstrumente (vgl. Reuter 1995: S. 222 ff.) oder durch den Interpreten/die Interpretin selbst.

Hinsichtlich der interpretatorischen Komponente führt Bengtsson drei verschiedene Arten mikrozeitlicher Abweichungen an (vgl. Bengtsson 1963: S. 278; Bengtsson 1975: S. 202 f.):

1. rein zufällige Abweichungen, z. B. spieltechnisch bedingt
2. lokale Freiheiten, die von der individuellen Interpretation abhängig und häufig beabsichtigt sind
3. bestimmte durative, meistens nicht-lokale, Verschiebungstypen, die mit gewissen motorischen Bewegungsabläufen, mit musikalischen Gattungen (z. B. Tanz-Arten) und Spieltraditionen verbunden sind

Abweichungen vom metronomisch exakten Zeitraster sind demnach nicht nur reine Zufallsprodukte, sondern vielfach beabsichtigt. „Daher liegt der Schluss nahe, dass sie im Prozess der musikalischen Kommunikation zwischen Musikern und Hörern bestimmte Funktionen erfüllen" (Pfleiderer 2006: S. 84).

In diesem Sinne behandle ich in Kürze vor allem den dritten der oben angeführten möglichen Gründe für lokale Temposchwankungen, denn dieser Grund kann mit dem von Gerischer postulierten Ansatz der Induktion von Bewegungsenergie in Zusammenhang gebracht werden.

Zuvor aber noch ein knapper Exkurs in Geschichte und Methodik der Mikrotiming-Forschung.

4.3.2. Zur Forschungslage

Die ersten Untersuchungen zu mikrorhythmischen Phänomenen wurden in den 60er Jahren von Ingmar Bengtsson in Schweden durchgeführt, bald auch von dessen Kollegen Alf Gabrielsson. Dabei wurden Werke der europäischen Kunstmusik, aber auch populäre Stücke sowie schwedische Volksmusik auf ‚systematische Variationen' hin untersucht (vgl. u. a. Bengtsson 1975; Gabrielsson 1987).

Sobald man sich allerdings mit fremden musikalischen Traditionen beschäftigt, hat man es mit Problemen zu tun wie etwa damit, tradierte Musik transkribieren und nach dem Gehör festhalten zu müssen, wobei man beispielsweise an die Grenzen des eigenen Notationssystems stoßen kann. Bengtsson wagte daher den Versuch der Entwicklung eines ‚neuen Bezeichnungssystems' (vgl. Bengtsson 1975: S. 204 ff.), worauf ich aber nicht näher eingehen werde. Es sei allerdings erklärend gesagt, dass seit den 1980er Jahren durch die MIDI-Technik (Musical Instrument Digital Interface) die Erhebung und Auswertung von Daten große Erleichterung erfahren hat, „da die mikrorhythmischen Strukturen von Einspielungen auf MIDI-Pianos direkt in den Computer eingelesen werden können" (Pfleiderer 2006: S. 86).

Gabrielsson untersuchte in diesem Sinne die Aufnahmen von fünf PianistInnen zu den ersten acht Takten der berühmten A-Dur-Sonate von Mozart (KV 331) (vgl. Gabrielsson 1987). Die tatsächlichen Interonsetintervalle wurden gemessen, in Beziehung zu einer künstlich ermittelten mechanischen Aufführung (mit gleicher Gesamtdauer) bzw. dem Notentext gesetzt und die Ergebnisse grafisch präsentiert. Dabei wurden in einer Tempokurve die prozentualen Abweichungswerte verdeutlicht, wobei Tonverlängerungen oberhalb und Tonverkürzungen unterhalb der x-Achse notiert sind.

Abbildung 6 zeigt die Tempokurven zweier Pianisten: Wilhelm Kempff (Pianist B; von ihm wurden zwei Aufnahmen analysiert) und Alfred Brendel (Pianist E).

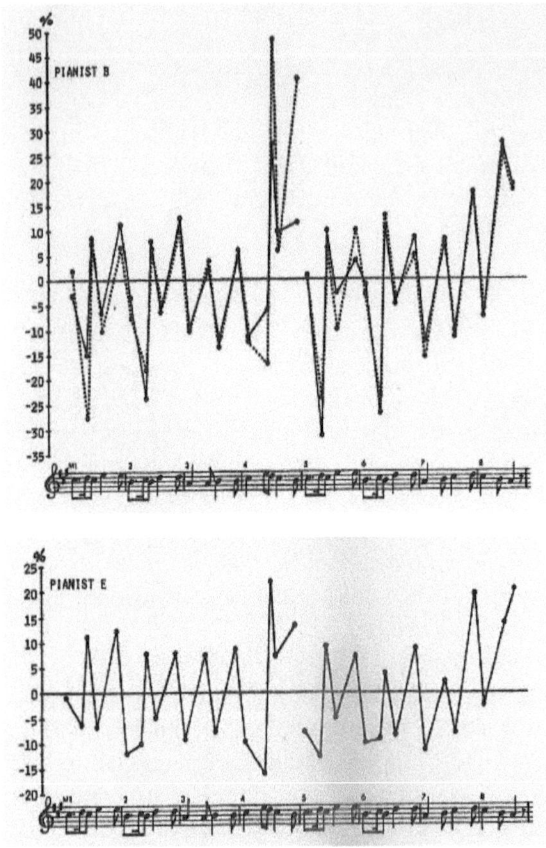

Abb. 6. Zwei Tempokurven des Themas des 1. Satzes aus Mozarts Klaviersonate A-Dur aus: Gabrielsson 1987, S. 90/91

Der Vergleich der beiden Tempokurven zeigt Unterschiede, die im persönlichen Stil des jeweiligen Pianisten begründet liegen, aber auch deutliche gemeinsame Tendenzen. Einige davon seien hier angeführt:

> „[…] a zig-zag pattern within each phrase, reflecting the shortening of the sixteenth note […], and the shortening of the quarter notes and lengthening (or sometimes less shortening) of the eighth notes in the latter halfs of the same measures and especially in measures Nos. 3-4 and 7-8. Furthermore there are lengthenings (*ritardando*) toward the phrase endings in measures Nos. 4 and 8“ (Gabrielsson 1987: S. 92).

Es scheint demnach ein gemeinsames Verständnis zwischen den Pianisten zu geben. Die Annahme, Abweichungen vom metronomisch exakten Zeitraster als beabsichtigt oder funktional zu bezeichnen, findet hier also eine experimentelle Bestätigung. Diese festigt sich weiters, wenn man bedenkt, dass alle drei Kurven sich tendenziell ähneln, obwohl Pianist B das Thema zweimal interpretierte und obwohl zwischen den Aufzeichnungen der beiden Pianisten ein Zeitraum von mehreren Jahren liegt.

Welche Funktionen erfüllen nun mikrorhythmische Strukturen? Bevor dieser Fragestellung im folgenden Abschnitt nachgegangen wird, sei noch angemerkt, dass Untersuchungen diesbezüglich vor allem vonseiten der klassisch-romantischen Musik und (seltener) im Bereich der neueren, afro-amerikanisch geprägten Popularmusik vorgenommen wurden. Sowohl Gerischer (vgl. 2003: S. 237) als auch Pfleiderer bedauern den relativen Mangel an entsprechenden Forschungsarbeiten und sehen beide die eigene Arbeit als Versuch, „diese Lücke zu schließen“ (Pfleiderer 2002: S. 103).

4.3.3. Zur Funktion mikrorhythmischer Phänomene

Weshalb weicht der/die InterpretIn nun aber dermaßen absichtsvoll von den Notenvorlagen ab? Was genau beabsichtigt er/sie mit den zeitlichen Schwankungen?

4.3.3.1. Die Strukturverdeutlichungs-Theorie in der klassisch-romantischen Musik

Clarke spricht einer mikrorhythmischen Gestaltung die Funktion einer „expressive information“ (Clarke 1987: S. 30) zu. Der/die MusikerIn bringt sein/ihr Verständnis der Struktur des interpretierten, ‚klassischen‘ Musikstückes zum Ausdruck. Mikrotiming verschafft demnach auch dem Rezipienten oder der Rezipientin (neben Aspekten der Lautstärke und der Artikulation) Klarheit bezüglich der gehörten Musik.

> „For the performer, the musical score with its notated melody and timing is only the beginning. To it, the performer adds musical knowledge about the piece (melodic repetitions and variations, cadences, rhythmic subdivisions, key shift) as well as musical knowledge about the general style and period. The goal is to portray the hierarchical levels of the structure to the listener“ (Handel 1989: S. 415).

Simples Beispiel einer in diesem Sinne praktizierten Strukturverdeutlichung (der Begriff ‚rubato‘ dürfte dem/der LeserIn bekannt sein) ist die „systematische

Verlängerung von Notenwerten an Gruppierungsenden, z. B. am Schluss von melodischen Motiven, Phrasen und längeren Abschnitten" (Pfleiderer 2006: S. 91).

Eine solche Verlängerung der Notenwerte geht mit einer Verlangsamung des Tempos einher, welche vor allem am Ende eines Musikstückes als ‚ritardando' eingesetzt und empfunden wird.
Gabrielsson (vgl. 1988: S. 29 ff.) weist in diesem Zusammenhang auf weitere Funktionen systematischer Tempoabweichungen hin und betont hierbei im Besonderen deren motionale Wirkung. Mikrotiming habe Bewegungscharakter und induziere daher Bewegungsempfindungen, wie eben das Zur-Ruhe-Kommen im Falle des Ritardando.

4.3.3.2. Mikrorhythmische Gestaltung in populären Musikstilen

Geht man davon aus, dass Bewegungen wiederum Gefühle auslösen können oder dass bei Untersuchungen zur Rhythmusproduktion und Rhythmuswirkung MusikerInnen und HörerInnen gleichsam im Mittelpunkt des Interesses stehen, so treten bislang weniger beachtete Aspekte in den Vordergrund, welche vor allem in populärer Musik hohe Bedeutung besitzen.

> „Gerade in der populären Musik stehen motionale, emotionale und sozial-kommunikative Prozesse im Mittelpunkt der Musikerfahrung. Dagegen treten rein strukturelle Aspekte, verglichen mit den Entwicklungen in der abendländischen Kunstmusik, eher in den Hintergrund, da zumindest die formalen Strukturen des Stückes oftmals aufgrund von Stereotypisierungen und Wiederholungen vergleichsweise einfach aufzufassen sind" (Pfleiderer 2002: S. 107).

Will man dem Bewegungscharakter einer populären Musik auf den Grund gehen, sieht man sich sofort mit terminologischen oder geschichtlichen Fragen konfrontiert, welche allerdings der Popularmusikforschung vorbehalten bleiben müssen.

Ein allgemeines Wissen über populäre Musik also vorausgesetzt, seien im Folgenden exemplarisch einzelne mikrorhythmische Gestaltungsprinzipien und deren Bewegungscharakter herausgegriffen.

‚Walzer-Viertel'
„Das Bewegungsgefühl des Walzers wird oft als schwerelos-schwebendes Dahingleiten charakterisiert […]. Hieran sind sowohl die schleifenden Drehbewe-

gungen, die rhythmische Gestaltung mit Hemiolen, bei der die langsamere Pulsation der Melodiestimme über der schnelleren Pulsation der Begleitung gleichsam ‚dahinschwebt', als auch mikrorhythmische Asymmetrien innerhalb der Schlageinheiten eines Walzertaktes beteiligt" (Pfleiderer 2006: S. 173). Bengtsson und Gabrielsson konnten in ihren empirischen Forschungen nachweisen, dass die Viertel der Begleitstimmen eines Walzers nicht alle gleich lang gespielt werden, sondern in der Relation kurz-lang-mittel. Die erste Zählzeit wird verkürzt bzw. die zweite vorgezogen und damit verlängert (vgl. z. B. Bengtsson 1963: S. 278). „Aufgrund der leicht vorgezogenen Zwei des Taktes erfolgt somit eine Beschleunigung der Bewegung, die in der Mitte des Taktes wieder ausgeglichen wird" (Pfleiderer 2006: S. 173).

‚Lay Back-Phrasen'

„Innerhalb von Improvisationssoli zahlreicher Jazzinstrumentalisten sind bewusste Verzögerungen einzelner Töne und Phrasen ein besonderes Stilmittel" (Pfleiderer 2006: S. 267). Solche Umspielungen des Grundpulses sind in der Jazzterminologie als ‚lay back' und ‚back phrasing' bekannt und führen zu einem ‚entspannteren' Bewegungscharakter (vgl. ebd.: S. 224).

‚Swing-Achtel'

Die Swing-Achtel des modernen Jazz beziehen sich auf die „ungleiche Unterteilung des Grundschlags in eine längere Achtel und eine kürzere Offbeat-Achtel im Spiel von Solisten und Begleitmusikern" (Pfleiderer 2006: S. 335). Sie sind eines von vielen Gestaltungsmitteln, die diese Musik als ‚swingend' erscheinen lassen.

4.3.3.3. Zur Wirkung des Groove

Das Attribut des ‚Swingens' ist nicht nur dem Jazz vorbehalten. Viele populäre Musikstile haben ihren ganz eigenen Bewegungscharakter, der gemeinhin mit dem Begriff ‚swing' umschrieben wird. Mitunter werden auch Bezeichnungen wie ‚drive', ‚feeling' oder insbesondere ‚groove' verwendet, doch immer geht es um zur Bewegung anregende, ‚lebendige' Eigenschaften eines Rhythmus.

> „Connections to dance are important, and the statement that a performance has, or achieves, a groove, usually means that it somehow compels the body to move."
> (The New Grove Dictionary of Jazz 2002: S. 100)

Eine genaue Abgrenzung der oben genannten Begriffe zueinander kann im Rahmen dieser Arbeit nicht weiter verfolgt werden. Dennoch fordert der pädagogische Blick auf das Thema den einen oder anderen Gedankengang heraus, zumal das Grooven nicht nur bewegungsfördernde, sondern auch persönlichkeitsstärkende und soziale Aspekte besitzt.

Pfleiderer macht – nach Sichtung diverser Literatur – auf die Mehrdeutigkeit des Groove-Begriffes bzw. auf die Problematik einer eindeutigen Definition aufmerksam und nimmt dann eine Einteilung in vier Merkmalen vor (vgl. Pfleiderer 2006: S. 297 ff.):

Auf rein struktureller Seite bezeichnet Groove demnach seit dem Soul und Funk um 1960 standardisierte, polyrhythmische, zyklisch wiederholte Patterns vor allem von Bass und Schlagzeug. Mikrorhythmische Abweichungen im Zusammenspiel der Musiker bewirken in der Regel eine Anregung zu Körperbewegungen, wobei die lustvolle Erfahrung der Struktur und die körperliche Betätigung die HörerInnen auch emotional in das Klanggeschehen einbinden. Schließlich umfasst Groove auch „eine partizipatorische und soziale Dimension, insofern die Musikerfahrung meistens nicht alleine, sondern in einem sozialen Kontext zusammen mit anderen Musikern, Hörern oder Tänzern erfolgt" (ebd.: S. 301).

Von der Terminologie her an sich ‚unmusikalisch', bekommt der englische Begriff ‚groove' (wörtl.: Rinne, Rille, Furche) nun insofern Bezüge zur Musik, da das Erlebnis des Groovens als „eine Art Gleis" gesehen werden kann, „auf dem man wie von selbst rollt" (Gerischer 2003: S. 94).

> „Zweifelsohne muss ein(e) Musiker(in) zu jedem Zeitpunkt ein hohes Maß an Konzentration einbringen. Die Energie der anderen wirkt jedoch so stimulierend für den eigenen Energieaufwand, dass Letzterer kaum empfunden wird. Auch Tänzer profitieren von dieser kollektiven, motorisch anregenden Energie" (Gerischer 2003: S. 94).

Groove entsteht im Wechselspiel zwischen Eigen- und Fremdwahrnehmung. Man muss gleichzeitig bei sich sein und mit anderen Kontakt aufnehmen bzw. andere an die eigene Gefühlswelt heranlassen. Dabei wird ein gewisses Maß an Gelassenheit benötigt, was ebenfalls dazu beiträgt, dass der Zustand des Groovens allgemein als wohltuend und genussvoll empfunden wird.

Charles Keil hat sich mit seiner – viel diskutierten und auch umstrittenen – These der „participatory discrepancies" seit den 1960ern mit ebensolchen Zusammenhängen beschäftigt (vgl. Keil 2005a, Keil 2005b, Keil 1995). Der Jazzmusiker und Musikethnologe interessiert sich dabei in erster Linie für den musikalischen Prozess und die Kommunikation zwischen MusikerIn und HörerIn. Nach Keil kann Musik Interesse wecken und zum Mitmachen, zum Partizipieren, einladen. Eine solche Einladung braucht aber etwas, das in der Umgangssprache gemeinhin als ‚gewisses Extra' oder als ‚Salz in der Suppe' bezeichnet wird und sich musikalisch durch kleine Unstimmigkeiten, sogenannte ‚discrepancies', äußert.

> „It is the little discrepancies between hands and feet within a jazz drummer's beat, between bass and drums, between rhythm section and soloist, that create the groove and invite us to participate."
> (Keil 2005b: S. 98)

Solche ‚discrepancies' können sich auch auf Sound, Klangfarbe oder Intonation beziehen. Immer geht es dabei aber um „das Spiel mit Abweichungen von Regelmäßigkeit", um „Reibung und Beweglichkeit", um „die Betonung einer Nichtübereinstimmung", wodurch der Bezug zwischen zwei Dingen sowie die innere Beteiligung und Einbeziehung der ZuhörerInnen erhalten bleiben (vgl. Gerischer 2003: S. 12/S. 84).

> „Music, to be personally involving and socially valuable, must be ‚out of time' and ‚out of tune'" (Keil 2005b: S. 96).

4.4. Zusammenfassung und Ausblick

Im Zuge der bisherigen Ausführungen war es oft unmöglich, auf Begriffe der Bewegung zu verzichten. Rhythmus und (Körper-)Bewegung scheinen untrennbar miteinander verbunden zu sein.

Das ist nicht weiter erstaunlich. Unser Körper produziert eine Reihe von Rhythmen (Herzschlag, Atemrhythmus, hormonelle Rhythmen, Rhythmen des Stoffwechsels, Gehbewegung u. a.) und als Rezipient von Musik sind wir Menschen nun einmal keine reinen „Input-Output-Wandler", sondern eben auch „körperlich" (vgl. Spitzer 2009: S. 218).

> „Musik wird nicht nur mit dem Kopf gemacht und erlebt, sondern auch mit dem Körper. Dies zeigt sich am besten am Rhythmus, der uns allen zwar nicht im Blut liegt, aber doch im Körper, genauer, in dessen motorischem System" (Spitzer 2009: S. 227).

Das folgende Kapitel ist konkret diesen Zusammenhängen und damit vor allem der nicht-kognitiven Dimension der Rhythmuserfahrung gewidmet.

Welche Rolle spielt das Gleichgewichtsorgan beim Hören von Musik? Was ist die auditiv-motorische Theorie der Rhythmuswahrnehmung? Wie genau geht Synchronisation vor sich? Kann Musik zur Verbesserung der Muskelkoordination genutzt werden?

Auch wenn die Datenlage bezüglich dieser Fragestellungen eher spärlich ist, soll der ein oder andere Ansatz herausgegriffen und in seiner Essenz dargestellt werden, um dem/der LeserIn vor dem Eintauchen in die pädagogischen Kapitel ein fundiertes theoretisches Grundwissen anzubieten.

5. DIE BEWEGUNGSDIMENSION DER MUSIKALISCHEN RHYTHMUSERFAHRUNG

Der Begriff ‚Bewegungsdimension' ist musikbezogen ein sehr weitläufiger. Musik und Bewegung sind untrennbar miteinander verbunden. Erst die „körperlichen Spielbewegungen der Musiker und die mechanischen Schwingungen der Musikinstrumente und Lautsprechermembrane [... sowie] die sich wellenartig ausbreitenden Bewegungen der Luftteilchen und die Bewegung der Basilarmembran im Innenohr" (Pfleiderer 2006: S. 94) lassen Musik entstehen bzw. machen diese wahrnehmbar.

Anders gesagt ist wahrnehmbarer Schall „immer an die unmittelbare Existenz von Bewegungsereignissen gebunden" (Effenberg/Mechling 1999: S. 200). Die beiden Sportwissenschaftler Effenberg und Mechling nehmen aber insofern eine Vertiefung des bisherigen Gedankenganges vor, indem sie ein akustisches Ereignis nicht nur über das ihm zugrunde liegende Bewegungsereignis, sondern auch über die an ihm beteiligten Materialien definieren. Das akustische Ereignis oder die musikalische Struktur (Schwingungsdauer, -frequenz, -amplitude) charakterisiere sich demnach (vgl. ebd.: S. 200):

→ über die physikalisch beschreibbaren *materialen Einflussgrößen* der beteiligten Materialien und Medien (z. B. spezifische Dichte, Volumen, Oberflächenbeschaffenheit).

→ über die *kinematischen und dynamischen Einflussgrößen* der beteiligten Komponenten (z. B. Kraft, Geschwindigkeit, Richtung).

Der auditive Input ist also mit vielerlei Informationen aufgeladen. Das Wissen und die Erfahrung des Rezipienten/der Rezipientin lassen als Umkehrwirkung zu, dass die Wahrnehmung akustischer Ereignisse – und damit natürlich auch die Musikwahrnehmung – durch die assoziative Verknüpfung zwischen musikalischen Strukturen und physikalischen Gegebenheiten oder Körperbewegungen (vgl. Pfleiderer 2006: S. 94 f.) unmittelbar in Bewegungsempfindung übergeht. Die bereits angesprochenen Empfindungen des ‚Swingens' der Musik oder des ‚Zur-Ruhe-Kommens' beim Ritardando sind Beispiele dieses Zusammenhanges.

Nicht zuletzt wird Musik aber auch aus einer „inneren Bewegtheit" (Truslit 1938: S. 53) geboren und kann uns RezipientInnen demnach auf emotionaler Ebene ‚bewegen'.

Zu jedem der oben genannten Bereiche gibt es unzählige Forschungen. So beschäftigt sich beispielsweise ein Team um Eckart Altenmüller vom Institut für Musikphysiologie und Musiker-Medizin Hannover intensiv mit dem Auftreten und der Entstehungsweise der durch Musik ausgelösten emotionalen Bewegung, dem sogenannten „Gänsehaut- oder Chill-Effekt" (vgl. Altenmüller et al. 2008).
Während etwa das Herauslösen eines Instruments aus dem Gesamtklang des Musikstückes das Erleben des Chill-Effektes wahrscheinlicher macht, dienen die Parameter Rhythmus und Tempo (auch Lautstärke) eher als „Stimulans für Körperbewegungen und Tanz" (Pfleiderer 2006: S. 110).
Dazu noch einmal Effenberg/Mechling: „Schwingungsdauer und -amplitude sind [...] überwiegend vom Einwirken kinematischer und dynamischer Einflußgrößen abhängig" (Effenberg/Mechling 1999: S. 200). In diesem Sinne und unter Bedacht der oben beschriebenen Umkehrwirkung erscheint der bedingende Zusammenhang von auditiver Wahrnehmung und Bewegungsempfindung im weiteren bzw. von Rhythmus und Körperbewegung im engeren Sinn nicht weiter erstaunlich. Dennoch sollen im Folgenden einige vertiefende Erklärungsansätze Erwähnung finden.

Dieses Kapitel widmet sich ausschließlich der motorischen Dimension der musikalischen Rhythmuserfahrung. Nach grundlegenden Überlegungen und einem Einblick in die Forschungslage wird auf die Wirkungsphänomene des Rhythmus eingegangen. Zudem soll in Ansätzen versucht werden zu erklären, wieso Rhythmus in der beschriebenen Art und Weise auf den Menschen wirkt. Hierbei werden aktuellste Forschungen, insbesondere aus dem Bereich der Neurobiologie, als Basis dienen. Eine Darstellung der therapeutischen Nutzung audiomotorischer Zusammenhänge am Beispiel der ‚Neurologischen Musiktherapie' bildet den Übergang in den pädagogischen Teil dieses Buches.

5.1. Rhythmus und Motorik im Alltag und in der Forschung

Die Beziehung zur Motorik ist charakteristisch für den Rhythmus. Auf dessen Wahrnehmung folgt bei vielen Menschen eine direkte körperliche Reaktion, sei es das Wippen mit dem Fuß oder das Mitschwingen des Oberkörpers. Schon das Kleinkind beginnt mitunter begeistert zu hüpfen, wenn es ansprechende und anregende Musik hört. Dies sind Beobachtungen und Erfahrungen, wie sie tagtäglich gemacht werden können.

Bevor ich auf das Wie und Warum solcher Phänomene eingehe (siehe Kapitel 5.4.), soll der Zusammenhang zwischen Rhythmuswahrnehmung und Körperbewegung anhand von zwei ausgewählten Studien dargestellt werden, wodurch die Beobachtungen des Alltags eine experimentelle Bestätigung finden.

Spitzer beschreibt eine Studie von Jäncke und Mitarbeitern aus dem Jahr 2000 (vgl. Spitzer 2009: S. 219 ff.). Versuchspersonen sollten dabei mit dem rechten Zeigefinger genau im vorgegebenen Tempo alle 400 ms eine Taste drücken. Allerdings variierte die Art der Vorgabe des Rhythmus; mal erschien er visuell, mal akustisch. Diese Aufgabe wurde mehrfach wiederholt. Zugleich angefertigte funktionelle Bilder des Gehirns mittels f-MRT sollten zusätzliche Daten liefern.

> „Sowohl die Verhaltensdaten als auch die fMRT-Daten zur Gehirnaktivierung zeigten interessante Unterschiede zwischen der optischen und akustischen Sinnesmodalität des vorgegebenen Rhythmus. Im Hinblick auf das rhythmische Klopfen der Versuchspersonen ergab sich das eindeutig bessere Einhalten des Rhythmus, gemessen an der Variabilität des zeitlichen Abstandes zwischen den einzelnen Klopfbewegungen, bei *akustischer* Stimulation verglichen mit der visuellen Stimulation [...] Offenbar fällt es leichter, einen Rhythmus mitzuklopfen, wenn er akustisch und nicht visuell vorgegeben wird“ (Spitzer 2009: S. 219).

Eine neurobiologische Erklärung hierfür ist die beim Hören des Rhythmus signifikant stärkere Aktivierung motorischer Areale der Gehirnrinde. Diese Sachverhalte zum jetzigen Zeitpunkt näher zu besprechen würde späteren Kapiteln zu viel vorwegnehmen. Eines sei aber festgehalten: „Im Vergleich zum Betrachten rhythmischer Ereignisse geht Musik eher ‚in die Beine'“ (Spitzer 2009: S. 221).

Ein zweites Experiment soll hier in seiner Grundidee dargestellt werden und auch dieses wird zunächst offene Fragen lassen und später wieder aufgegriffen werden. In dem Experiment von Phillips-Silver und Trainor aus dem Jahr 2005 (vgl.: S. 1430) konnte nachgewiesen werden, dass sieben Monate alte Babys vorgespielte Rhythmen aufgrund eines zuvor erfahrenen Bewegungseindrucks beurteilen. Die Babys hüpften zwei Minuten lang auf dem Schoß einer erwachsenen Person zu einer akzentfreien, gleichmäßigen rhythmischen Schlagfolge entweder auf jedem zweiten oder jedem dritten Beat. Anschließend wandten sie sich bei der Wahrnehmung einer nun akzentuierten Schlagversion je nach körperlich erfahrenem Akzent mehr dem Zweiviertel- oder dem Dreivierteltakt zu. Das Verbinden der Augen der Babys hatte keinerlei verändernde Auswirkungen auf das Ergebnis des Experiments. Sahen die Babys einer erwachsenen Person beim Hüpfen allerdings nur zu, so zeigten sie bei der anschließenden Testung keine Präferenz für eine der beiden Taktarten. Visuelle Stimuli scheinen demzufolge keinen, die Körperbewegung allerdings erheblichen Einfluss auf die Rhythmuswahrnehmung zu haben (siehe Abbildung 7).

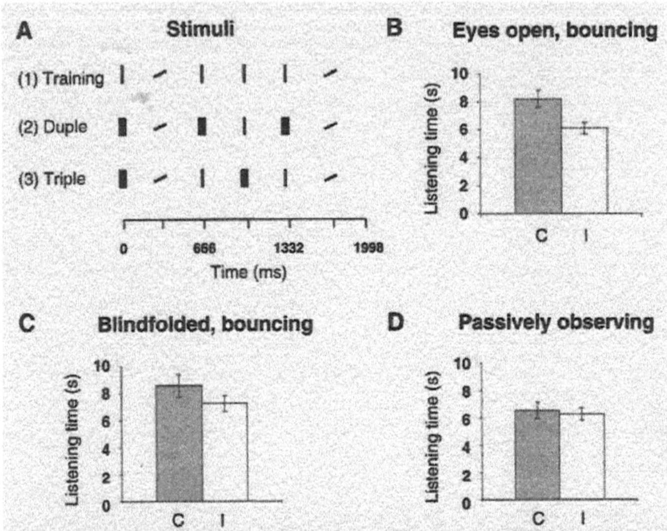

Fig. 1. Influence of bouncing on auditory encoding of rhythm patterns. (A) Stimuli. Vertical lines represent the snare drum sounds of the rhythm patterns, and oblique lines represent time-marking slapstick sounds (4). (B to D) Results. The y axis represents listening time preference; the x axis represents congruency between bouncing (duple or triple) during training and auditory accents (duple or triple) during testing. Error bars represent the standard error of the mean. C, congruent; I, incongruent.

Abb. 7. Bewegungserfahrung als Voraussetzung für die Rhythmuswahrnehmung aus: Phillips-Silver/Trainor 2005, S. 1430

Während im Falle des Experiments von Jäncke und Mitarbeitern das Wahrnehmen akustischer rhythmischer Strukturen sich direkt auf motorische Aktivität auswirkt, ist beim Experiment von Phillips-Silver/Trainor die Bewegungserfahrung Voraussetzung für die auditive Entschlüsselung rhythmischer Muster. Die körperliche Erfahrung von Rhythmus wird zum unmittelbaren Zugang zur Musik. „We hear the melody in music, but we feel the beat" (Phillips-Silver/Trainor 2005: S. 1430).

5.2. Zur Forschungslage

Experimente, wie sie soeben beschrieben wurden, beziehen in den Prozess der Rhythmuswahrnehmung auch sensomotorische Empfindungen und Bewegungsenergien ein. Viele AutorInnen, darunter die im Rahmen dieser Abhandlung meist zitierten wie Gerischer, Kopiez, Pfleiderer oder Spitzer, betonen, dass die Bedeutung von Tanz und Motorik zwar allerorts erkannt werde, es jedoch an konkreten systematischen Untersuchungen mangle (vgl. Gerischer 2003: S. 23 f.).

Gründe für diesen Mangel wurden bereits erwähnt und seien hier noch einmal zusammengefasst:

→ *Notwendigkeit der Interdisziplinarität:*
Eine Erforschung des Zusammenhanges von Rhythmuswahrnehmung und Körperbewegung kann nur interdisziplinär erfolgen, wobei den Neurowissenschaften erhebliche Bedeutung zuzumessen ist.

→ *technischer Anspruch:*
Theoriebildung auf diesem Gebiet kann nur mit Hilfe computerunterstützter Modellierungsverfahren und exakter Messmethoden betrieben werden (vgl. Kopiez 2005: S. 127). Den Neurowissenschaften stehen allerdings erst seit Mitte des 20. Jahrhunderts nichtinvasive Methoden zur Verfügung, die durch Untersuchungen am lebenden, gesunden Gehirn Erkenntnisse über dessen Aktivität zulassen.

→ *Unvereinbarkeit zwischen Forschungsmethode und Forschungsgegenstand:*
Trotz neuester Technik oder gerade wegen deren Methodik stößt man bei der experimentellen Erforschung sensomotorischer Faktoren dennoch auf Schranken:

> „Man kann im Scanner liegend oder mit an den Kopf geklebten Drähten Musik hören, mit dem Tanzen klappt es unter diesen Bedingungen jedoch eher nicht" (Spitzer 2009: S. 227).

→ *Grenzen konstruierter Computermodelle:*
Zwar eröffnet die Computersimulation viele neue Forschungsmöglichkeiten, jedoch immer mit dem Wissen, dass alle Modelle nur Versuche darstellen können und es noch keine Beweise dafür gibt, „dass die neuronalen und kognitiven Vorgänge im menschlichen Gehirn auf dieselbe Art und Weise funktionieren wie das konstruierte Computermodell" (Pfleiderer 2006: S. 78). Selbst Todd und Mitarbeiter geben in ihrer ganz auf Sensomotorik ausgerichteten Theorie der Rhythmuswahrnehmung (siehe 5.4.4.) zu verstehen, dass ihre Ausführungen des Öfteren „from a robotics viewpoint" (Todd et al. 1999: S. 8) gesehen werden müssen.

Daher bleibt es in der Literatur oft bei Andeutungen oder Zukunftsvisionen, wenn es um die Rolle der durch Musik ausgelösten körperlichen Bewegung geht. Der Tatendrang, dem Phänomen auf den Grund zu gehen, ist aber spürbar und das Forschungsgebiet daher einem steten Wachstum unterworfen. Alle Arbeiten müssen in diesem Sinne als Zwischenstand eines laufenden Forschungsprozesses verstanden werden.

5.3. Wirkungsphänomene des Rhythmus

Bisherige Erkenntnisse und allgemeine Beobachtungen zusammenfassend halte ich fest:

> „Das Hören von Musik führt zu mehr oder weniger starken motorischen Verhaltensreaktionen. Diese motorischen Reaktionen, deren Erscheinungsformen von fast unbemerkten, kaum wahrnehmbaren Mitbewegungen über Klopfen mit den Fingern oder Füßen bis hin zu ekstatischen Bewegungen und zum Tanzen reichen können, werden in ihrem Ausmaß und ihrer Intensität insbesondere durch die musikalischen Merkmale Rhythmus und Tempo beeinflußt und gesteuert (motorische Funktionsebene der Musik)“ (Gembris 1985: S. 160).

Bevor im nächsten Abschnitt konkrete Erklärungsansätze vorgestellt werden, wieso die Wahrnehmung zeitlicher Faktoren in der Musik oft unmittelbare motorische Reaktionen auslöst, seien hier noch weitere beschreibende Aspekte dieses Phänomens genannt.

5.3.1. Das Phänomen der Rhythmischen Synchronisation

Der Mensch ist generell in der Lage, Körper- und Bewegungsrhythmen an zyklische Gegebenheiten der natürlichen Umwelt, etwa an eine äußere gegebene Pulsation, anzupassen. Somit ist es ihm nicht nur möglich, sich synchron zu einer Musik zu bewegen, sondern im weiteren Sinn beispielsweise auch, den Tag-Nacht-Rhythmus wahrzunehmen und sich darauf einzulassen.

Dieses ‚Einlassen‘ oder ‚Einschwingen‘ bzw. der Kontakt und die Flexibilität scheinen Bedingung für Synchronisationsphänomene zu sein.
Hierzu ein kurzer Exkurs in die Geschichte der Physik: Bereits 1665 entdeckte der niederländische Wissenschaftler Christiaan Huygens, dass sich die Pendel zweier baugleicher und sich in einem Gehäuse befindlicher Pendeluhren trotz unkoordiniertem Anfangszustand oder trotz beabsichtigter Störungen nach jeweils etwa einer halben Stunde synchronisieren. Scheinbar übertragen sich die

Impulse der Pendelbewegung über die Wand von einer Uhr auf die andere (vgl. Stewart/Strogatz 1994: S. 74). Erst Jahrhunderte später jedoch konnte das Phänomen durch amerikanische Wissenschaftler restlos geklärt werden. Physiker des Giorgia Institute of Technology stellten fest, dass die Entdeckung der sogenannten ‚spontanen Synchronisation' einem glücklichen Zufall zu verdanken ist, wobei Huygens Uhren benutzte, die ein optimales Pendelgewicht und zudem exakt die gleiche Schlaggeschwindigkeit hatten. Ohne eine solche Beschaffenheit wäre die energetische Übertragung zwischen den beiden Uhren nicht möglich gewesen (vgl. Bennett et al. 2002).

Synchronisation, in welcher Form auch immer, bedarf also einer gewissen Interaktion und Kooperation aller Beteiligten. In der Physik spricht man hierbei von ‚Phasenkopplung'. Solche ‚impulsgekoppelten Oszillatorensysteme', in denen die Energie periodisch von einem Oszillator auf den anderen übertragen wird, sind oft lebensnotwendig und finden sich fast überall, besonders in der belebten Natur (vgl. Stewart/Strogatz 1994: S. 74 ff.). Stewart und Strogatz führen einige Beispiele an:

→ Schrittmacherzellen des Herzens
→ Inselzellen der Bauchspeicheldrüse
→ neuromuskuläre Oszillatoren des Dünndarms
→ neuronale Netzwerke des Gehirns und des Rückenmarks, die rhythmisch-periodisches Verhalten wie Atmen, Laufen oder Kauen steuern
→ unisono zirpende Grillen
→ synchron blinkende Glühwürmchen

Ein weit gespannter Bogen über viele Aspekte des Synchronisationsphänomens (Geschichte, Vorkommen, Funktion, Anwendung) findet sich bei Clayton und MitarbeiterInnen in deren über 40 Seiten umfassendem Artikel zum ‚Einkoppelungseffekt', dem „concept of entrainment" (vgl. Clayton et al. 2004).
Wie schon der Titel der Abhandlung verrät („In Time With The Music") interessiert die AutorInnen insbesondere die Bedeutung des ‚entrainment concept' in der Musikforschung. Im Verhältnis zu eher statischen Konzepten der Metrumswahrnehmung und der hierfür benötigten Aufschlüsselung rhythmischer Impulsfolgen sehen Clayton et al. die besondere Qualität des Entrainment-Ansatzes in ihrer Lebendigkeit und Ganzheitlichkeit.

> „We believe that this concept could have a particularly significant impact if applied to ethnomusicological research because it offers a new

> approach to understanding music making and music perception as an integrated, embodied and interactive process […].“
> (Clayton et al. 2004: S. 2)

Auch Fischinger und Kopiez interessieren sich vor allem für musikalische Aspekte des Synchronisationsphänomens (vgl. Fischinger/Kopiez 2008: S. 458 ff.). So sei es Tieren oder auch dem Kleinkind beispielsweise (noch) nicht möglich, Synchronisationsbewegungen auch bei einer Tempoänderung des äußeren Pulses beizubehalten. Offensichtlich bedarf es hierbei höher entwickelter und vor allem trainierbarer kognitiver Strukturen.

Der Zusammenhang des Synchronisationsverhaltens mit kognitiven Leistungen wird auch dadurch deutlich, dass Synchronisation Antizipation voraussetzt.

> „As a general rule, our reactions succeed the stimuli. In synchronization the response is produced at the same time as the appearance of the stimulus. A similar behaviour is possible only if the motor command is anticipated in regard to the moment when the stimulus is produced“ (Fraisse 1982: S. 154).

Pfleiderer bezieht sich auf das bereits seit den 70er Jahren bestehende und vielfach zitierte „Modell der dynamischen Aufmerksamkeit“ („dynamic attending“) der amerikanischen Psychologin Mari Riess Jones (vgl. Pfleiderer 2006: S. 37 ff.). Hiernach müsse Antizipation als Fähigkeit gesehen werden, „aufgrund wahrgenommener zeitlicher Regelmäßigkeiten zukunftsorientierte Erwartungen über den regelmäßigen Fortgang von Ereignisfolgen aufzubauen“ (ebd.: S. 44).

Während Pfleiderer die lebensnotwendige Bedeutung dieser – jeglicher Synchronisationsleistung zugrunde liegenden – Fähigkeit betont (vgl. ebd.: S. 44), weist Gembris hingegen darauf hin, dem kognitiven Element der Antizipation nicht allzu viel Bedeutung zuzumessen (vgl. Gembris 1985: S. 164). Wäre Antizipation tatsächlich „Bedingung für das Auftreten von Synchronisationserscheinungen“, so wären Tiere wohl kaum hierzu in der Lage und auch wir Menschen hätten Schwierigkeiten bei der Tempoanpassung. Es sei an dieser Stelle an die menschliche Fähigkeit der kategorialen Rhythmuswahrnehmung und die Etablierung eines metrischen Bezugsrahmens erinnert (siehe 4.2.5.).

Synchronisationsverhalten scheint also weniger konstruiert und intendiert als vielmehr spontan und unbewusst zu sein. Dies zeigt sich schon daran, dass es oft außerordentlich viel Anstrengung bedarf, Bewegungen *gegen* einen externen auditiven Rhythmus auszuführen (vgl. Gembris 1985: S. 163). Nach Fraisse müssten Erwachsene sogar erst wieder erlernen, die unbewussten begleitenden Mitbewegungen zur Musik bewusst zu unterdrücken (vgl. Fraisse 1982: S. 155).

Ausgehend vom Wissen um die unmittelbare und unbewusste Befähigung zu Synchronisationsleistungen soll im Folgenden auf mögliche physiologische und motorische Wirkungen periodischer Anregungen eingegangen werden.

5.3.2. Der Rhythmische Magnet-Effekt

Der deutsche Biologe (und leidenschaftliche Musiker) Erich von Holst entdeckte und erforschte in den 30er Jahren des 20. Jahrhunderts in tierexperimentellen Studien den sogenannten „Magnet-Effekt" als „koordinierendes Prinzip im Rückenmark" (v. Holst 1936[1]; zit. n. Gembris 1985: S. 164). Auch hierbei geht es um Synchronisationsphänomene. Beispielsweise gebe es laut von Holst bei Fischen dominante Flossen, zu deren Schlagfrequenz sich andere Flossen synchronisieren (vgl. v. Holst 1936; zit. n. Kopiez 2005: S. 139).

Bezogen auf den musikalischen Rhythmus und dessen Wirkung auf den Menschen, handelt es sich beim Magnet-Effekt ebenfalls um die Kopplung von Frequenzen. Ein wahrgenommener externer Rhythmus zieht eine unmittelbare (da gemäß von Holst zentralnervös koordinierte) innere Beteiligung des Rezipienten/der Rezipientin nach sich. Innere Rhythmen gleichen sich den äußeren an, wodurch die periodische Anregung physiologische oder motorische Wirkungen entfalten kann.

> „Die Fähigkeit des Rhythmus, muskuläre Spannungs- und Entspannungsvorgänge zu synchronisieren, kommt schon in Marsch- und Tanzmusik oder auch in Arbeitsgesängen zum Tragen. Sie fixieren den Organismus in Bewegungsabläufen und entziehen ihn damit bewussten Entscheidungsprozessen. Aber die Wirkung des Rhythmus geht noch wesentlich über die Koordination sichtbarer Bewegungen hinaus, denn durch äußere akustische Taktgeber können unbewusste, periodisch ablaufende vegetative Funktionen – z. B. Atmung, Puls, Blutkreislauf und die elektrische Aktivität des Gehirns – in hohem Ausmaße beeinflusst werden […]" (Hesse 2003: S. 51).

[1] Erich von Holst (1936). Über den „Magnet-Effekt" als koordinierendes Prinzip im Rückenmark. *Pflügers Archiv für Physiologie, 237* (S. 655-682).

Auch wenn etliche experimentelle Studien solche Periodenkopplungen bestätigen, müssen sämtliche durch die Musik ausgelösten Reaktionen dennoch „als hochgradig individuell" (Kopiez 2005: S. 139) gesehen werden. Eigenpulsfrequenz, Stimmung, musikalische Vorbildung, individueller Geschmack, Motivation, Hemmung, Bereitschaft oder emotionale Erlebnisfähigkeit sind mitbestimmend und hinderlich dabei, generalisierbare Äußerungen bezüglich der Effekte musikalischer Merkmale zu treffen.

Obwohl der Mensch als Körper-Geist-Seele-Individuum es also kaum zulässt, die einzelnen Dimensionen der musikalischen Rhythmuserfahrung isoliert zu betrachten, soll das folgende Teilkapitel dennoch wieder die Motorik in den Vordergrund stellen.

5.3.3. Die Theorie des spontanen Tempos

Forschungen zufolge scheint sich das Tempo einer akustischen Pulsfolge auf die Stärke der Bewegungsreaktion des Rezipienten/der Rezipientin auszuwirken (vgl. Fischinger/Kopiez 2008: S. 462). Genauer gesagt wird der Mensch bei ganz bestimmten Tempi besonders stark zur Bewegung angeregt.

Fraisse spricht in diesem Zusammenhang vom ‚spontanen Tempo', welches sich relativ einfach ermitteln lässt, wenn man Probanden bittet, mit dem Finger eine ihnen angenehme Schlagfolge auf den Tisch zu klopfen (vgl. Fraisse 1982: S. 153 f.). Solche ‚Tapping-Experimente' zeigen ein gehäuftes Auftreten von Schlagfolgen mit Intervallabständen zwischen 380 und 880 ms, wobei der repräsentativste Wert nach Fraisse bei 600 ms (= 100 bpm) liegt. In der Literatur findet sich demnach auch der Begriff des ‚500- bzw. 600-Millisekunden-Oszillators' (vgl. Fischinger/Kopiez 2008: S. 462).
In einem solchen Tempobereich erhöht sich die Lust am automatischen Mitklatschen zu einer Musik. Die menschliche Wahrnehmung scheint hier folglich besonders sensibel auf rhythmische Pulsationen anzusprechen (vgl. ebd.: S. 462). Fischinger und Kopiez sehen in den Angaben zum Marschtempo in der Militärmusik, welches sie mit 114 bpm belegt wissen, eine „informelle Bestätigung" (vgl. ebd.: S. 462) dieser Annahme.

Ein Zusammenhang dieses Phänomens mit der Dauer der psychologischen Gegenwart (vgl. 4.2.4.) kann vermutet werden (vgl. Pfleiderer 2006: S. 47). Eine weitere Erklärung liefert wohl das Wissen um impulsgekoppelte Oszillatorensysteme (vgl. 5.3.1.), wobei die Wirkung des Rhythmus auf einer „Anregung von auf bestimmte Zeitintervalle spezialisierten Netzwerken des Gehirns" (Kopiez 2005: S. 141 f.) basiert. Für die Thematik dieses Buches als besonders relevant dürfte sich allerdings jene Theorie erweisen, wonach es sich beim Effekt der Anregung von Mitbewegungen zum Pulsschlag der Musik um eine Art biomechanische Resonanz der Gliedmaßen (vgl. Spitzer 2009: S. 218) handelt.

Bereits Fraisse widmet den ‚Spontaneous Rhythmic Movements' ein eigenes Kapitel und stellt darin beispielsweise das Saugen des Babys, das Gehen oder den Herzschlag als reflexartige, fundamentale Rhythmen des menschlichen Körpers mit ganz eigenem Tempo vor (vgl. Fraisse 1982: S. 151 ff.). Erstaunlicherweise seien dabei die Frequenzen der Körper- und Bewegungsrhythmen sowie des spontanen Tempos von vergleichbarer Größe.

Die gegenseitige Beeinflussung, auch im Sinne einer Anregung von Mitbewegungen zu einer wahrgenommenen Pulsation, scheint also zwingend zu sein. Jedoch ist die wissenschaftliche Beweisführung hierzu weniger aussagekräftig; es gibt sogar Studien, die einen Zusammenhang von Herzfrequenz und spontanem Tempo eindeutig widerlegen (vgl. Fraisse 1982: S. 154). Bezogen auf die Motorik verhält sich die Sache anders, wobei Fraisse von einer „noteworthy correlation between the rhythm of walking and of spontaneous tempo" (vgl. ebd.: S. 154) spricht.

Obwohl Fraisse in einem Satz zwar erwähnt, dass sich sämtliche ermittelte Frequenzen je nach Umweltbedingungen oder je nach Individualität und Alter der Probanden im Detail unterscheiden können (vgl. ebd.: S. 152), so beziehen sich seine Untersuchungen dennoch ausschließlich auf Erwachsene. Sogar mehr als 20 Jahre später beklagt Bruhn noch den unbefriedigenden Stand der empirischen Forschungslage hinsichtlich der Entwicklung rhythmischer Fähigkeiten (vgl. Bruhn 2005: S. 114). Dabei sind es gerade Überlegungen und Beobachtungen in diesem Bereich, die die Notwendigkeit der körperlichen Bewegung für die Wahrnehmung von Rhythmus verdeutlichen – wie das Experiment von Phillips-Silver und Trainor (siehe Kapitel 5.1.) gezeigt hat.

Fischinger und Kopiez erwähnen die Dissertation *Individuality and development in children's spontaneous tempo and synchronization* von Ambjörn Hugardt (2001). Der schwedische Musikwissenschaftler konnte ein im Gegensatz zu Erwachsenen (100-120 bpm) nachweislich höheres spontanes Tempo bei Kindern (140-150 bpm) ermitteln (vgl. Fischinger/Kopiez 2008: S. 464). Dies deckt sich mit den privaten Beobachtungen des Hobbymusikers und Neurowissenschaftlers Manfred Spitzer. Auf Maskenbällen fielen diesem die Schwierigkeiten der Kinder auf, sich zur Musik zu bewegen – trotz des kindlichen Bewegungsdranges und der Freude an der Musik (Spitzer 2009: S. 214). Spitzer macht die physikalischen Eigenschaften des menschlichen Körpers, etwa die Frequenzen der Eigenschwingung der Gliedmaßen, dafür verantwortlich:

> „Wenn ein erwachsener Mensch rhythmisch hüpft, dann macht er je nach Größe und Körpergewicht etwa 110 bis 135 Sprünge pro Minute. Hierfür ist Tanzmusik mit einem Beat von etwa 120 Schlägen je Minute geradezu konstruiert. Wenn demgegenüber ein sechsjähriges Kind hüpft, dann bringt es leicht 160 bis 180 Sprünge je Minute zustande. Entsprechend ist die Tanzmusik der Erwachsenen für Kinder denkbar ungeeignet. Sie ist in physikalischer Hinsicht zu langsam. Erst wenn man eigens für die Kinder das Tempo beschleunigt oder ganz besonders schnelle Lieder spielt, gelingt ihnen die Synchronisation der Körperbewegung mit der Musik. Anders ausgedrückt, erst dann gelingt es ihnen, zur Musik zu tanzen [...]" (Spitzer 2009: S. 214 f.).

Auch wenn bislang nicht alle Fragen zum spontanen Tempo oder zu den Synchronisationsphänomenen geklärt werden konnten, so ist die Tatsache unumstritten, dass rhythmische Bewegung im Bereich der Musik letztlich nur „vor dem Hintergrund physikalischer Bewegung realer Körper" (Spitzer 2009: S. 215) zu verstehen ist.

> „Die Erfahrung von Rhythmus ist somit auch an die Erfahrung von Körperlichkeit gebunden, und so bestimmen damit unsere Form, Größe, unser Gewicht oder die Länge der Arme und Beine ebenso das Rhythmuserleben von Musik" (Fischinger/Kopiez 2008: S. 464).

5.4. Erklärungsansätze der sensomotorischen Wirkungsweise des Rhythmus

Wie im vorangegangenen Kapitel gezeigt werden sollte, ist der menschliche Körper als schwingungsfähiges System zu verstehen, dessen Eigenfrequenz durch Energiezufuhr angeregt werden kann. Solche Resonanzphänomene liegen der sensomotorischen Wirkungsweise des Rhythmus zugrunde und doch lassen sie eine alleinige Erklärung derselben nicht zu.

Weitere Erklärungsansätze sind vor dem Hintergrund der physiologischen Zentren musikalischen Erlebens (vgl. Kapitel 4.1.) zu sehen und seien im Folgenden modellhaft vorgestellt:

5.4.1. Die Rolle des Vestibularorgans

Bereits 1938 beschäftigte sich Truslit mit der durch Schall induzierten unmittelbaren Auslösung einer Bewegungsempfindung bzw. – in schwächerer Form – einer Bewegungsvorstellung oder gar – in stärkerer Form – einer tatsächlichen Bewegungsreaktion (vgl. Truslit 1938: S. 68 ff.).
Hierfür verantwortlich macht der Musikpädagoge die Reizung des Gleichgewichts- bzw. Vestibularorgans im Innenohr. Truslit führt zur Veranschaulichung ein Beispiel an, wonach selbst Fische Fluchtreaktionen auf Schallreize zeigen, obwohl sie kein eigentliches Hörorgan, wohl aber ein Gleichgewichtsorgan besitzen.

> „Die Empfindungen, die bei den Fischen durch Schallreize ausgelöst werden, dürften kaum Gehörempfindungen sein, wie wir sie durch Erregung der Basilarmembran erhalten. Aus Experimenten läßt sich ersehen, daß die Einwirkung des Schalles auf das Labyrinth vor allem Bewegungsreaktionen auslöst, und daß das betreffende Organ folglich in engster Beziehung zu Bewegungsvorgängen stehen muß."
> (Truslit 1938: S. 69)

In jüngerer Zeit findet Todd mit seiner Theorie des „Vestibulomotor Mechanism" (vgl. Todd 1999: S. 116 ff.) ganz ähnliche Argumente für die Bedeutung des Vestibularorgans hinsichtlich sensomotorischer Aktivität.

> „[...] there is little doubt about the acoustic sensitivity of the vestibular system. Given that it can be evoked by continuous sounds, then an acoustic event sequence in which the energy density varies continuously, either by rate modulation, amplitude modulation, or pulse length (articulation) modulation, will give rise to a correspondingly modulated vestibular signal, and hence, potentially, to a correspondingly modulated sense of motion" (Todd 1999: S. 118 f.).

Durch die enge Verbindung des im Innenohr gelegenen Vestibulums mit dem die Bewegungen beherrschenden Muskelsystem kann Musik also gar nicht anders, als in den Körper einzudringen. Musik- bzw. Rhythmuswahrnehmung zieht im Normalfall eine mehr oder weniger starke körperliche Bewegtheit nach sich.

Umgekehrt hat die körperliche Bewegung Auswirkungen auf die Rhythmuswahrnehmung. Ich erinnere an das Experiment von Phillips-Silver und Trainor (siehe Kapitel 5.1.). Während dieses jedoch lediglich auf eine mögliche Beteiligung des Vestibularsystems am Wahrnehmungsvorgang hinweist, kann eine aktuellere Folgeuntersuchung diesen Zusammenhang eindeutig bestätigen (vgl. Trainor et al. 2009: S. 35 ff.).

Diese Studie, veröffentlicht 2009, verwendet dieselben akustischen Schlagfolgen wie das Experiment aus dem Jahr 2005. Ebenso geht es darum, sich nach einer ‚Trainingsphase' je nach Empfinden einem Zweiviertel- oder einem Dreivierteltakt zuzuwenden.
Unterschiede liegen jedoch im Alter der Probanden (Durchschnittsalter 2009: 19 Jahre) und in der Art der Trainingsphase. Während die Babys der älteren Studie durch das Schoßhüpfen auch äußerlich sichtbare körperliche Akzente erlebten, verhielten sich die erwachsenen Testpersonen beim Anhören der akzentfreien, gleichmäßigen rhythmischen Schlagfolge äußerlich absolut ruhig. Ihnen wurden die Akzente entweder auf jedem zweiten oder jedem dritten Beat mittels elektrischer Stimuli zugeführt. Ausgehend von der Hypothese, dass das Vestibularsystem entscheidend für die Rhythmuswahrnehmung wäre, standen sich beim Experiment zwei Gruppen gegenüber: Die ‚Vestibular group' erfuhr eine Stimulation des Vestibularnervs, die ‚Control group' nur eine solche der Ellbogen (siehe Abbildung 8).
Und tatsächlich zeigte die Gruppe mit vestibularer Stimulation bei der anschließenden Testung die signifikant besseren Ergebnisse. Der Test bestand darin, sich nach Vorspiel eines nun hörbar im Zweier- bzw. Dreiertakt akzentuierten Beispielpaares für das Rhythmusmuster zu entscheiden, das mit jenem aus der Trainingsphase identisch erscheint. Abbildung 9 zeigt die Ergebnisse nach der elektrischen Stimulation jedes zweiten Schlages. Bei den Probanden mit vestibularer Stimulation lag die Übereinstimmung bei 87,5 %, wohingegen die Stimulation der Ellbogen offensichtlich keinerlei Auswirkungen auf die Auffassung von Rhythmen hat.

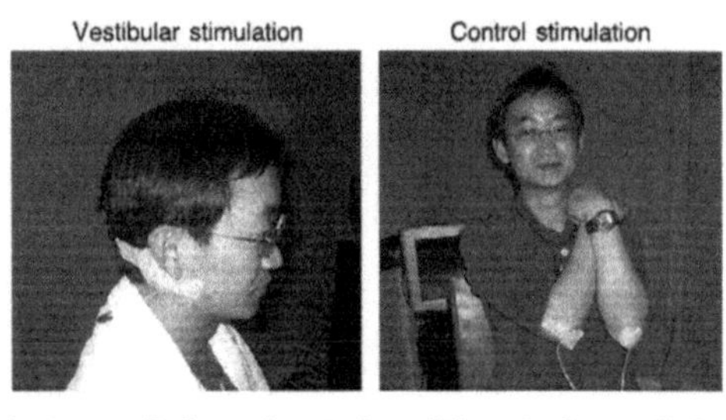

Fig. 3 – Vestibular and control conditions. In the vestibular condition, galvanic stimulation was delivered to the vestibular nerve (left panel) and in the control condition it was delivered to the elbows (right panel).

Abb. 8. Darstellung der Versuchsanordnung innerhalb der beiden Versuchsgruppen aus: Trainor et al. 2009, S. 38

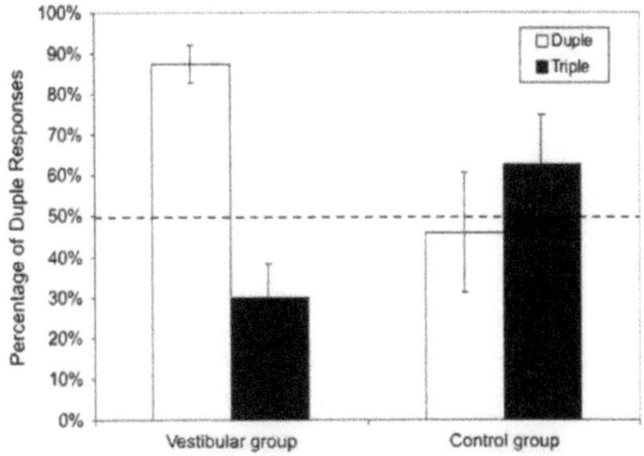

Fig. 5 – Results. Percentage of times subjects identified the ambiguous auditory pattern as duple for each of the four conditions. Open bars after stimulation at the duple frequency, shaded bars after stimulation at the triple frequency. Left pair of bars after galvanic stimulation of the vestibular system (see Fig. 3, left panel), right pair of bars after control stimulation of the elbows (see Fig. 3, right panel). The horizontal dotted line represents chance responding (50%). Error bars represent the standard error of the mean.

Abb. 9. Ergebnisse nach der elektrischen Stimulation jedes zweiten Schlages aus: Trainor et al. 2009, S. 40

Bereits Fraisse hat 1982 auf die sensomotorische Rhythmuserfahrung hingewiesen. „[…] the more the rhythmic experience is sensory-motor, the more it is complete“ (Fraisse 1982: S. 158).

Trainor et al. gelang nun aber ein eindeutiger experimenteller Nachweis und eine wissenschaftliche Erklärung des sensomotorischen Regelkreises.

> „It is well known that music makes us move, but these studies show that the act of feeling a rhythm is an interactive process: hearing a rhythm evokes physical movement and the resulting vestibular stimulation also influences the auditory interpretation of the rhythm.”
> (Trainor et al. 2009: S. 40)

5.4.2. Die Verschaltung akustischer und motorischer Nervenbahnen unterhalb der Ebene des Großhirns

Heiner Gembris von der Universität Paderborn beschäftigt sich seit Jahrzehnten intensiv mit der Wirkung von Musik sowie mit Fragen der musikalischen Begabung und Entwicklung. Dabei interessieren ihn naturgemäß auch die durch Musik ausgelösten unwillkürlichen Reflexbewegungen, welche er „in hirnphysiologischen Gegebenheiten“ (Gembris 1985: S. 165) begründet sieht.

> „Erst auf der Ebene des Großhirns, nämlich in der primären akustischen Hörrinde, werden akustische Reize bewußt wahrgenommen [...]. Doch bevor akustische Informationen in die Hörrinde gelangt sind, haben sie bereits eine Kette von Schalt- und Verarbeitungsstationen durchlaufen. Die dabei ablaufenden Verarbeitungsprozesse sind unbewußt und lösen unwillkürliche Reaktionen auf die akustischen Reize aus“ (Gembris 1985: S. 166).

Auf die äußerst komplexen Schaltverläufe der Hörbahn soll an dieser Stelle nicht näher eingegangen werden. Dem/der LeserIn sei aber verdeutlicht, dass die auf das Ohr treffenden Impulse keinesfalls eine geradlinige Weiterleitung (im Sinne einer Autobahn) erfahren. Vielmehr kommt es zu ständigen Verbindungen zwischen den einzelnen Stationen. Die Verschaltung auf die gegenseitige Hemisphäre führt beispielsweise dazu, dass akustische Impulse beider Ohren in beiden Hemisphären ankommen, was wiederum das Richtungshören ermöglicht.

Auf ihrem Weg ins Großhirn durchlaufen die akustischen Impulse also große Teile des Gehirns und damit auch vielerlei motorische Zentren, wie den sogenannten ‚Olivenkomplex‘, die Formatio reticularis oder auch das Kleinhirn (vgl. Gembris 1985: S. 166 ff.). Sie alle stellen Schaltstellen für den Zusammenhang zwischen akustischen Reizen und motorischen Reflexen dar.

Der Musikpädagoge Franz Amrhein, dessen praktischer und theoretischer Arbeitsschwerpunkt auf der Verbindung von Musik und Bewegung liegt, erweitert die Darstellung von Gembris zusätzlich um Zentren des Mittelhirns (limbisches System, Thalamus, Hypothalamus), welche für die gefühlshafte Wertung zuständig sind (vgl. Amrhein 2004: S. 232). Seine Konklusion gestaltet sich demnach wie folgt:

> „Die Großhirnrinde, das Zentrum des Bewusstseins, erreicht die Botschaft aus dem Ohr erst, nachdem sie die für Bewegungsempfindung und Gefühle zuständigen Zentren durchlaufen hat. Das, was wir letztlich hören, ist also bereits mit Bewegungs- und Gefühlseindrücken ‚aufgeladen'" (Amrhein 2004: S. 233).

Auch Spitzer spricht in diesem Zusammenhang von „bereits vorverarbeitete[r] akustische[r] Information" (Spitzer 2009: S. 78).

Und wenn von Holst den ‚Magnet-Effekt' als „koordinierendes Prinzip im Rückenmark" (v. Holst 1936; zit. n. Gembris 1985: S. 164; vgl. 5.3.2.) bezeichnet, so macht schon er deutlich, dass Mitbewegung unterhalb der Ebene des Großhirns, also unwillkürlich, vor sich geht.
Die angeborene, unmittelbare und unbewusste Befähigung des Menschen zu Synchronisationsleistungen wird in einem späteren Kapitel über die Entwicklung rhythmischer Fähigkeiten (siehe 6.1.) noch nähere Beachtung finden.

5.4.3. Akustisch-motorische Verflechtungen auf Großhirnebene

> „Die Großhirnrinde (Cortex cerebri) macht den Menschen zu dem, was er ist. In diesem großen Gehirnbereich verbirgt sich ein entscheidender Teil des Geheimnisses unseres Bewusstseins, unserer überragenden Sinnesleistungen und Empfindsamkeit für die uns umgebende Umwelt, unserer motorischen Fähigkeiten, unseres Denk- und Vorstellungsvermögens sowie insbesondere unserer einzigartigen sprachlichen Fähigkeiten" (Thompson 2001: S. 20).

Was hat es nun aber mit den Verbindungen sensorischer und motorischer Rindenfelder hinsichtlich der Fragen um Rhythmuswahrnehmung und Rhythmuswirkung auf sich? Worin liegt auf Großhirnebene die Begründung der menschlichen Fähigkeit, sich mit äußeren akustischen Rhythmen zu synchronisieren?

Eine aktuelle Studie eines internationalen Forscherteams um Sara L. Bengtsson vom University College London geht diesen Fragestellungen auf den Grund (vgl. Bengtsson et al. 2009: S. 62 ff.).

Dabei wurden Testpersonen – mit geschlossenen Augen regungslos im Scanner liegend – Abfolgen akustischer Signale mit unterschiedlicher zeitlicher Organisation vorgespielt. Die hierbei gewonnenen f-MRT-Daten zeigen bei rhythmisch antizipierbaren Sequenzen (im Unterschied zu rein zufälligen Signalfolgen) deutliche Aktivierungen bestimmter Teile der motorischen Hirnrinde. Obwohl also keine tatsächlich sicht- und messbaren Körperbewegungen vorgenommen wurden, scheinen motorische Hirnareale an der Wahrnehmung von Rhythmus beteiligt zu sein. Genauer gesagt scheinen sowohl die Wahrnehmung rhythmischer Muster als auch die Ausführung motorischer Muster in ihrer zeitlichen Gestaltung und in der Notwendigkeit der Antizipation einen gemeinsamen Nenner zu haben. Anders gedacht verbessern rhythmisch-akustische Signale die Bewegungsbereitschaft des motorischen Nervensystems durch leichtere Bewegungsantizipation und indem sich die Reaktionszeiten von Reflexen und willentlichen Bewegungen verkürzen.

> „That areas involved in motor preparation were also involved in rhythm perception suggests that the rhythm perception automatically engages prediction mechanisms that are used for the preparation of motor behaviours. [...] Our findings suggests why humans spontaneously synchronize movements with auditory rhythmic stimuli (e.g., dancing) [...]. An increased activation in motor cortex during listening would lower the threshold for executing a movement.“
> (Bengtsson et al. 2009: S. 67)

5.4.4. Die auditiv-motorische Theorie der Rhythmuswahrnehmung nach Neil Todd

Der sensomotorischen Wirkungsweise des Rhythmus aus neurobiologischer Perspektive auf den Grund zu gehen, ist dem englischen Musikpsychologen Neil Todd bereits seit den 90er Jahren des letzten Jahrhunderts ein Anliegen (vgl. Todd 1999; Todd et al. 1999).

Zentraler Leitsatz seiner These ist die „sensory-guided action“ (Todd et al. 1999: S. 6), die sinnesgesteuerte Handlung. Dabei erreicht die Rezeption eines rhythmisch-akustischen Reizes über das Zentrale Nervensystem direkt den Bewegungsapparat. Die Bewegungssteuerung und -ausführung geht ähnlich wie bei der Auge-Hand-Koordination vor sich: In beiden Fällen gibt es bestimmte Neuronen der Großhirnrinde, welche für die Erkennung räumlicher und zeitlicher Bewegung bestimmte rezeptive Felder besitzen. Somit entsteht im visuellen bzw. auditorischen Cortex ein räumlich-zeitliches Energiespektrum des aufgenommenen Reizes. Auf akustischer Seite spricht Todd hierbei von einem „auditory image flow“ (ebd.: S. 10). Demgegenüber steht das durch Erfahrung gewonnene innere Bild des eigenen Körpers („motor image“, ebd.: S. 13) samt seiner zeitlichen Strukturen. Erst die Kombination der sensorischen sowie der motorischen Repräsentationen ermöglicht nach Todd die Wahrnehmung von

Rhythmus. Der Rhythmus entsteht erst im aktiven Verarbeitungsprozess zwischen Sensorik und Motorik und hat gerade dadurch sogar die Fähigkeit, Bewegung zu optimieren. Gleichmäßige rhythmische Bewegungen sind schließlich etwa der Fortbewegung am dienlichsten.

> „A central principle of this sensory-motor theory is that if the spatio-temporal form of certain stimuli are matched to the dynamics of the motor system, then they may evoke a motion of an internal representation, or motor image, of the corresponding synergetic elements of the musculoskeletal system, *even if the musculoskeletal system itself does not move*" (Todd 1999: S. 119).

5.4.5. Zur Funktion der Spiegelneuronen

Die Bewegung ist für die Produktion und Wahrnehmung von Rhythmus von entscheidender Bedeutung. Bewegungsqualität und rhythmische Qualität gehen Hand in Hand. Die Frage nach dem Wie des Bewegungslernens liegt nahe.

Freilich ist jegliches Lernen ein hochindividueller, schöpferischer und eigenständiger Prozess, der den ganzen Menschen als Körper-Geist-Seele-Individuum einbindet. Leichtes und nachhaltiges Lernen wird demnach naturgemäß unterstützt durch Bewegung, die Einbeziehung der Sinne oder auch durch die Lust am selbstständigen Experimentieren. Nicht minder bedeutend ist aber das Lernen am vorbildhaften Modell, also das Beobachten und Imitieren.
Seitens der Neurobiologie sind daran sogenannte ‚Spiegelneuronen' beteiligt. Und diese sind es auch, die weitere Spekulationen über den bedingenden Zusammenhang zwischen auditiver Wahrnehmung und motorischer Empfindung zulassen. Beatriz Calvo-Merino spricht diesbezüglich gar von einem „missing link between action and perception" (Calvo-Merino 2010: S. 28).

In den frühen 1990er Jahren erstmals von einem Forscherteam um Giacomo Rizzolatti in einem Labor in Parma (Italien) entdeckt, handelt es sich bei den Spiegelneuronen um eine Ansammlung von Neuronen in den motorischen Feldern der Großhirnrinde (vgl. ebd.: S. 27). Das Besondere dieser Neuronen ist, dass sie nicht nur beim Sehen einer Bewegung bzw. beim Hören eines Geräusches aktiv werden, sondern die dadurch gewonnenen Eindrücke wie ein Spiegel direkt in unser motorisches System reflektieren. Das passive Betrachten oder Hören eines Ereignisses kann also die gleichen Reize auslösen, wie sie beim eigenaktiven Ausführen des Vorganges entstünden (vgl. ebd.: S. 27 ff.).

Spiegelneuronen tragen nicht nur zum imitierenden Lernen von Bewegungsabläufen bei, sondern sind zudem ein nicht zu unterschätzender Faktor zwischenmenschlicher Kommunikation. Sie ermöglichen körperliche (z. B. ‚ansteckendes' Gähnen) und emotionale (z. B. Empathie) Synchronisation mit dem Gegenüber.

> „They provide the evidence that individuals can understand other's people actions by a process of internal simulation of the observed action, in other words, by simulating how it feels to do as the other person does" (Calvo-Merino 2010: S. 25).

Die – in mancher Literatur auch als ‚Echoneuronen' bezeichneten – auditiven bzw. audiovisuellen Spiegelneuronen dürften demnach beim Erlernen von Sprachmelodie, Wortbedeutung und verbaler Kommunikationsfähigkeit eine bedeutende Rolle spielen (vgl. Zatorre et al. 2007: S. 551).

5.4.6. Die „rock and roll threshold"[2]

Alle bislang in diesem Kapitel angeführten Studien weisen auf den bedingenden Zusammenhang von Musik und Bewegung hin und liefern mögliche Erklärungsansätze hierfür. Jedoch konnte meist nur von ‚Bewegungsempfindungen', ‚Bewegungsenergien' oder ‚Bewegungsvorstellungen' die Rede sein. Die Aktivierung des motorischen Systems mittels akustischer Reizung muss demnach nicht zwangsläufig in unmittelbare Körperbewegungen übergehen. Oft wurden die Testpersonen sogar ausdrücklich gebeten, sich während der Messungen körperlich völlig ruhig zu verhalten.

Es ist wieder Todd, der mit einem Kollegen weitergehende Untersuchungen vornahm (vgl. Todd/Cody 2000). Ihn interessierte nicht nur die durch Musik ausgelöste unmittelbare Muskelbewegung, sondern in diesem Zusammenhang auch die möglichst alltagsnahe Ausgestaltung seines Experiments. Hierfür verwendete er – statt der üblichen Abfolge von akustischen Klicks – als natürlicheren Reiz „a single cycle of techno music, which consisted of a repetitive percussive sound" (ebd.: S. 497). Solche Stimuli seien mit ihrer ganz individuellen hohen Lautstärke und den tiefen Frequenzen in den meisten Clubs und Diskotheken zu finden.

[2] Dieser Begriff stammt – in Anlehnung an den Artikel *Hearing loss and music* des Psychoakustikers Ken Dibble (1995) – von Neil Todd (vgl. 2000: S. 496 ff.).

Ausgehend vom Wissen um die Schallaufnahme über das Gleichgewichtsorgan (vgl. 5.4.1.), konnten Todd und Cody in ihrem Experiment nachweisen, dass sich bestimmte Muskeln der Nacken- und Schulterpartie durch laute Töne ab 90 Dezibel messbar reizen lassen. Die Bezeichnung dieser Lautstärkeschwelle als „rock and roll threshold“ bezieht sich auf deren motorisch anregende Funktion und die weit verbreitete „merkwürdige Lust am lauten Musikhören“ (Kopiez 2005: S. 143).

Neben Rhythmus und Tempo hat also auch die Lautstärke erheblichen Einfluss auf die Auslösung einer Bewegungsreaktion. Jedoch bezieht sie vermehrt außermusikalische Einflussfaktoren wie musikalische Präferenzen oder Lernprozesse ein. Menschen sind beispielsweise unterschiedlich empfindlich auf Lautstärke. Während viele Jugendliche eine Vorliebe für hohe Lautstärken und exaktes Timing und damit für Techno- und Rockmusik entwickeln, muss die Lust am Hören lauter Musik im Grunde erst erlernt werden. „Babys und Tiere zeigen in der Regel eine Angstreaktion bei lauten Schallen“ (Kopiez 2005: S. 144).

5.4.7. Die Bedeutung pränataler Erfahrungen

Der Psychotherapeut Harm Willms schreibt, dass akustische Erlebnisse schon das vorgeburtliche Leben begleiten und Musik daher an ganz frühes Erleben anzuknüpfen scheint (vgl. Willms 1987: S. 265). Auch Richard Parncutt von der Universität Graz bringt die kulturübergreifende rhythmisch-akustische Sensibilität, die nachweislich bereits der Säugling zeigt, in direkten Zusammenhang mit pränatalen Erfahrungen wie den Geräuschen des Herz-Kreislauf-Systems oder den Schritten der Mutter (vgl. Parncutt 1997: S. 228 ff.).

Beispielsweise haben herzschlagähnliche Geräusche auf Neugeborene durch unbewusste vorgeburtliche ‚Erinnerungen‘ meist einen beruhigenden Effekt (vgl. Willms 1987: S. 265). Doch auch bei Erwachsenen kann Musik vielfach Emotionen wecken. Die emotionale Bedeutung agogischer Temposchwankungen etwa „hängt möglicherweise mit der pränatalen Wahrnehmung der Veränderungen im mütterlichen Herzschlag zusammen“ (Parncutt 1997: S. 229).

Die „pränatale Konditionierung durch Geräusche, die beim Gehen der Mutter erzeugt werden“ (ebd.: S. 230) hat hingegen naturgemäß eher motionale Bedeutung. Auch hier kann ein Zusammenhang mit dem Vestibularsystem gesehen werden, welches bereits „ein bis zwei Monate vor der Geburt seine erwachsene Größe, Form und Funktion erreicht“ (ebd.: S. 225).

> „Die frühe Reifung des Gleichgewichtsorgans ermöglicht dem Fötus, Körperbewegungen wahrzunehmen. Die pränatale Erfahrung der Bewegungen der Mutter beim Gehen kann unter Umständen nicht nur die beruhigende Wirkung der Wiege auf Säuglinge erklären [...], sondern auch die Verbindung zwischen Rhythmus und Tanz, die sich in fast allen menschlichen Kulturen feststellen läßt“ (Parncutt 1997: S. 230).

Da das rhythmische Geräusch von Schritten meist gleichmäßiger oder ‚metronomischer‘ als jenes des Herzschlags ist, scheint es auch aus dieser Sicht sinnvoll, die besondere Qualität einer zur Bewegung animierenden Musik in ihrem exakten Timing zu sehen (vgl. Parncutt 1997: S. 230). Mikrotiming-Elemente oder Effekte des Accelerando und Ritardando zeigen jedoch, dass sich auch in Tanzmusik (z. B. Wiener Walzer) „herzschlag- und schrittgeprägte Rhythmen zu einem einzigen rhythmischen Stil verbinden lassen“ (ebd.: S. 230). Rhythmische Qualität als Energiequelle für Bewegung muss einmal mehr im Wechselspiel zwischen Kontinuität und Flexibilität gesehen werden.

Die Theorie über die pränatalen Ursprünge der Musik erklärt zum einen die höhere menschliche Empfänglichkeit für gerade Taktarten und liefert zudem eine mögliche weitere Erklärung des bereits beschriebenen Phänomens, dass Musik im Vergleich zum Betrachten rhythmischer Ereignisse eher ‚in die Beine‘ geht (vgl. Spitzer 2009: S. 221).

> „Akustische Rhythmen werden als auffallender oder ‚rhythmischer‘ empfunden als visuelle oder taktile Rhythmen [...]. Das verweist auf pränatales Lernen, da die pränatal auffälligsten rhythmischen Reize akustisch sind“ (Parncutt 1997: S. 231).

5.5. Die Anwendung auditiv-motorischer Synchronisation in der sensomotorischen Therapie

Rhythmisch-akustische Reize rufen unwillkürlich motorische Empfindungen oder tatsächliche motorische Reaktionen hervor und sind sogar in der Lage, Bewegungsabläufe zu synchronisieren. Das Erleben solcher Zusammenhänge steht durch die beschriebenen neurobiologischen und musikpsychologischen Gegebenheiten jedem Rezipienten/jeder Rezipientin offen, unabhängig von individuellen musikalischen Fertigkeiten.[3]

[3] Die Bedeutung von Kultur, sozialem Umfeld, Alter oder Musikgeschmack darf an dieser Stelle außer Acht gelassen werden, weil diese Aspekte für meine Untersuchung nicht relevant sind.

Eine direkte Nutzung solcher Erkenntnisse findet sich etwa seitens der ‚Neurologischen Musiktherapie'. Darunter versteht man „evidenzbasierte Methoden des funktionalen Einsatzes von Musik in der Rehabilitation neurologischer Erkrankungen" (Leins/Thaut 2007: S. 86).

Auf diesem Gebiet durch zahlreiche Studien und Schriften verdient gemacht hat sich der Musiktherapeut Michael H. Thaut, Leiter des Zentrums für biomedizinische Musikforschung der Universität in Colorado. In einem recht aktuellen Artikel fasst Thaut mit einer deutschen Kollegin bisherige Erkenntnisse zusammen und geht auf Geschichte, wissenschaftliche Grundlagen, Forschungsstand, Methodik und Anwendungsbereiche der Neurologischen Musiktherapie ein (vgl. Leins/Thaut 2007).
Die Ausführungen des vorliegenden Kapitels beziehen sich – sofern nicht anders gekennzeichnet – fast zur Gänze auf diesen Artikel.

Auch wenn ich in Folge lediglich ein einziges Anwendungsfeld näher beachte, lässt sich die Neurologische Musiktherapie in drei Teilbereiche gliedern (vgl. ebd.: S. 87):

→ sensomotorische Therapie (v. a. Gangtraining)
→ Therapie von Sprech- und Sprachstörungen
→ Therapie kognitiver Dysfunktionen

Die sensomotorische Therapie hat als ‚musikmedizinisches Gang- und Bewegungstraining' eine musikunterstützte Verbesserung der Bewegungsfunktionen neurologisch Erkrankter zum Ziel und wird im deutschsprachigen Raum bereits vielfach bei der Behandlung von Schlaganfall- und Parkinson-PatientInnen sowie bei Menschen mit Schädel-Hirn-Trauma, Multipler Sklerose oder Zerebralparese eingesetzt (vgl. ebd.: S. 87 ff.).

Innerhalb der neurologischen sensomotorischen Therapie können vier methodische Ausrichtungen unterschieden werden (vgl. ebd.: S. 90 ff.):

<u>Rhythmisch-Akustische Stimulation (RAS)</u>
Diese Methode eignet sich besonders für die Verbesserung der Gehfunktion. Durch die Stimulation des motorischen Systems mittels Synchronisation mit zeitlich präzisen akustischen Stimuli wie Metronomklicken oder Musik kann die Gehgeschwindigkeit, Schrittfrequenz, Schrittlänge oder Schrittsymmetrie positiv beeinflusst werden.

Bereits in den 1980er Jahren berichtete der Autor und Neurologe Oliver Sacks von motorisch extrem beeinträchtigten Menschen, die durch den Einsatz von Musik ihre Bewegungen leichter strukturieren und organisieren können: „Mit Musik oder Tanz verschwinden ihre ungeschlachten Bewegungen von einem Augenblick auf den anderen – plötzlich wissen sie, wie man sich bewegt“ (Sacks 2002: S. 245).

<u>Musikalisch-motorisches Feedback (MMF)</u>

> „Hierbei steuert der Patient über Kontaktsensoren in den Schuhsohlen eine ihm bekannte Musik, wobei ein tragbarer MIDI-Sequenzer nur bei symmetrischem Gangbild eine gleichmäßig ablaufende Musik produziert“ (Leins/Thaut 2007: S. 90).

<u>Mustergeleitete sensorische Stimulation / Patterned Sensory Stimulation (PSE)</u>
Bei diesem Verfahren werden Bewegungsabläufe des ganzen Körpers in Klangsequenzen übersetzt. Die daraus resultierenden ‚kinetischen Melodien‘ stimmen in Zeit, Raum und Kraft mit den ihnen zugrunde liegenden Bewegungen überein.

Die Sportwissenschaft beschäftigt sich in der ‚Sonification-Forschung‘ seit Beginn der 1990er Jahre ebenfalls mit der Verklanglichung von Bewegungsabläufen (vgl. Effenberg/Mechling 1999). Ziele sind das Erreichen höchstmöglicher Bewegungsökonomie sowie die Optimierung der Bewegungsqualität besonders im zeitlichen Bereich. Schließlich sind gutes Timing, effizienter Einsatz des Kraftaufwandes und koordiniertes Muskelspiel wichtige Kriterien für die sportliche Leistung. Bewegungs-Sonification bedeutet die Übersetzung des spezifischen räumlich-zeitlich-dynamischen Energiespektrums einer Bewegungsabfolge in entsprechende Klanggestalten. Damit ist eine neuartige Lern- und Trainingsmethode gegeben, die zusätzlich zum visuellen Nachahmen einer sportlichen Aktion (z. B. Ruderbewegung) eine Nachahmung der – dieser Bewegung innewohnenden – musikalischen Struktur ermöglicht. Effenberg und Mechling verweisen in diesen verhältnismäßig frühen Jahren bereits auf das große Potenzial des akustischen Feedbacks für die Rehabilitation.

> „Der zusätzliche Einsatz bewegungsdefinierter Sound-Sequenzen zielt auf Unterstützung und Präzisierung der Bewegungsvorstellung, insbesondere dynamisch-zeitlicher Strukturmerkmale. Ein weiterer Teilbereich ist das Wieder-Erlernen durch Krankheit oder Unfall verlorengegangener Bewegungsgrundmuster“ (Effenberg/Mechling 1999: S. 212).

Therapeutisch-Instrumentales Spiel / Therapeutic Instrumental Music Performance (TIMP)
Beim Therapeutischen Instrumentalspiel werden Musikinstrumente quasi als ‚Trainingsgeräte' verwendet. Durch das Spiel auf Trommel oder Klavier können funktionale Bewegungsfertigkeiten gelähmter Extremitäten (z. B. Koordination, Ausdauer, Bewegungsradius, Feinmotorik) geübt werden. Das unmittelbare akustische Feedback dient der weiteren korrigierenden Bewegungssteuerung.

Ein Team um Eckart Altenmüller konnte 2008 in einer Studie nachweisen, dass PatientInnen, die nach einem Schlaganfall unter einer Funktionsbeeinträchtigung der oberen Extremität leiden, deutlich vom Therapeutischen Klavierspiel, das zusätzlich zu den herkömmlichen Standardtherapien angeboten wurde, profitieren konnten (vgl. Schneider et al.: 2008). Dabei geben die Autoren aber zu verstehen, dass das Verfahren für die Betroffenen „auf Grund der starken emotionalen Tönung des Musizierens" (ebd.: S. 24) sehr motivierend sei.
Leins und Thaut sprechen ebenfalls zwar in erster Linie von musikimmanenten Wirkfaktoren, sehen aber dennoch den „motivationale[n] Aspekt von Musik" als wichtigen Sekundäreffekt in der Rehabilitationsbehandlung (vgl. Leins/Thaut 2007: S. 92). Auch Rauhe beschreibt den Zusammenhang stimmungsfördernder und antriebsspendender Musikstrukturen (vgl. Rauhe 1978: S. 62).
Die Macht der Musik muss wieder in ihrer ganzen Vielfalt zwischen emotionalen, motionalen und strukturellen Aspekten gesehen werden.

> „Zusammenfassend lässt sich somit sagen, dass Musiktherapie […] aufgrund ihres positiven Einflusses auf rhythmische Bewegungen, auf die Emotions- und Motivationslage der Patienten sowie aufgrund ihres Modellcharakters im Hinblick auf kreativen Umgang im sozialen Bereich positive Wirkungen ausübt" (Spitzer 2009: S. 431 f.).

5.6. Zusammenfassung und Ausblick

Musik hat eine Macht über Körper und Seele, der man sich nur schwer entziehen kann. Dessen sind sich die Menschen bereits seit Tausenden von Jahren auf der ganzen Welt bewusst. Musik wurde und wird gezielt eingesetzt um zu heilen, zu erfreuen, zu strukturieren, zu aktivieren, zu beruhigen, zu erinnern oder zu beeinflussen.

Vor allem der Rhythmus einer Musik wirkt dabei besonders stark und direkt auf das motorische Nervensystem. Rhythmus wird körperlich wahrgenommen und kann motorische Reaktionen im Sinne einer Synchronisation zu einer rhythmischen Pulsation hervorrufen. Solche Reiz-Reaktions-Kopplungen laufen vielfach unterhalb der Bewusstseinsschwelle ab.

Zusammengefasst seien hier noch einmal mögliche Gründe für den zwingenden audiomotorischen Zusammenhang genannt:[4]

- Die akustische Anpassung an die Umwelt ist seit Urzeiten überlebenswichtig (z. B. Fluchtreaktionen).
- Pränatale Erfahrungen festigen die sensomotorischen Verhaltenweisen.
- Der Hörsinn als zeitlich genauester Sinn ist sehr empfänglich für akustisch-zeitliche Informationen.
- Rhythmus als Wechsel von Ordnung und Bewegung erweckt motorische Energie.
- Mikrorhythmische Phänomene lassen Musik und Körper ‚grooven'.
- Ein Klangereignis wird gedanklich mit der schallauslösenden Bewegung in Beziehung gesetzt.
- Der menschliche Körper schwingt bei der auditiven Wahrnehmung als ‚Resonanzkörper' mit.
- Schallperzeption bewirkt eine Reizung des Gleichgewichtsorgans.
- Bereits auf subkortikaler Ebene durchlaufen die Schallreize vielerlei motorische Zentren.
- Auf Großhirnebene stimulieren rhythmische Reize direkt das motorische System.
- Musik lässt Spiegelneuronen ‚mitschwingen'.

---

[4] Diese Liste darf jedoch keinen Anspruch auf Vollständigkeit erheben, da die Forschungsarbeiten auf diesem Gebiet noch lange nicht abgeschlossen sind.

- Rhythmuswahrnehmung sowie Bewegungsplanung setzen Antizipation voraus.

- Sehr laute Töne reizen Muskeln der Nacken- und Schulterpartie.

- Das Hören vertrauter und beliebter Musik schafft emotionales Wohlbefinden, welches sich wiederum förderlich auf die Auslösung motorischer Reaktionen auswirkt.

Das vorliegende Buch hat sich zum Ziel gesetzt, die motorische Dimension der musikalischen Rhythmuserfahrung im Hinblick auf musikimmanente Einflussfaktoren zu untersuchen. Dies setzt Einschränkungen auf drei Ebenen voraus:

→ <u>Trennung der musikalischen Parameter</u>
(Raum/Zeit/Kraft/Form)
→ <u>Trennung der Dimensionen der musikalischen Rhythmuserfahrung</u>
(emotional/motional/kognitiv-strukturell)
→ <u>Trennung der Einflussfaktoren</u>
(musikimmanent/außermusikalisch)

Die gesonderte Betrachtung einzelner Teilaspekte erscheint problematisch und nahezu unmöglich. Schließlich trifft Musik als Ganzheit verschiedener Elemente bei ihrer Wahrnehmung auf den Menschen als Körper-Geist-Seele-Individuum. Hören muss gelernt, Hörerfahrungen müssen gesammelt und eingeordnet werden. Jeder Mensch trägt eine ganz individuelle Hörlandschaft in sich und hört demnach anders.

Dennoch konnte gezeigt werden, dass die unmittelbare motorische Wirkung des Rhythmus im Grunde auch ohne Lernerfahrungen auskommt, also angeboren zu sein scheint. Erfahrungswerte, musikalische Vorlieben, gegenwärtige Stimmung oder situativ-sozialer Kontext tragen allerdings in weiterer Folge dazu bei, die Ausprägung der motorischen Anregung zu bestimmen. Beispielsweise können Mitbewegungen, die beim Hören der Musik spontan auftreten, unterdrückt werden. Dieser Gedanke wird im folgenden Kapitel über die Entwicklung rhythmischer Fähigkeiten noch einmal aufgegriffen.

6. DIE ENTWICKLUNG RHYTHMISCHER FÄHIGKEITEN

Im letzten großen Kapitel (Kapitel 7) geht es darum, die gewonnenen Erkenntnisse aus der Theorie für die pädagogische Praxis nutzbar zu machen. Dabei wird zum Beispiel die Frage nach dem Wie des Lernens von Rhythmus interessieren. Außerdem wird untersucht, welche Qualität die rhythmische Gestaltung eines Musikstückes haben muss, um motorisch aktivierend zu wirken. Zuvor aber sollen noch einige Aspekte der Entwicklung rhythmischer Fähigkeiten Erwähnung finden, die bereits eine starke Affinität zu pädagogischen Gedanken aufweisen und somit den Einstieg in Kapitel 7 erleichtern.

6.1. Aspekte von Musikalität im Hinblick auf die Entwicklung rhythmischer Fähigkeiten

Die Frage, ob die Fähigkeit zur musiksynchronisierten Körperbewegung angeboren oder erlernt ist, wurde in der Literatur – ebenso wie die übergeordnete Frage nach musikalischer Begabung – lange Zeit kontrovers diskutiert.

In jüngerer Zeit geht man allerdings davon aus, „daß jeder Mensch eine entwicklungsfähige und entwicklungswürdige Musikalität besitzt" (Gembris 2005: S. 399). Oerter und Lehmann sprechen in diesem Zusammenhang von einem „genetischen Potenzial", das auf individuelle Art zur Entfaltung gelangen kann, wenn entsprechende Umwelt- und Lernbedingungen gegeben sind (vgl. Oerter/Lehmann 2008: S. 89). Erfreulich an dieser Auffassung ist, dass sie die Existenz völlig unmusikalischer Menschen ausschließt und eher von unterschiedlichen musikalischen Leistungsniveaus ausgeht.

Besonders Kinder zeigen unentwegt ihr genetisches Potenzial an Musikalität und ihre angeborene Freude an Musik und Bewegung. Das Baby, das sich an Klängen erfreut, reagiert darauf mit heftigen Strampelbewegungen. Oder es entlockt diversen Materialien grobmotorisch initiierte rhythmische Motive, während das Kindergartenkind sich im Kreis dreht oder begeistert auf- und abhüpft, sobald es Musik vernimmt.

Das reflexartige Auslösen motorischer Reaktionen durch das Wahrnehmen musikalischer Strukturen ist genetisches Potenzial und damit bei allen Menschen im Grundsätzlichen gleich. Potenzial allerdings, das nicht geachtet wird, kann verkümmern. Anlage- und Umweltbedingungen müssen in befruchtender gegenseitiger Wechselwirkung stehen. Ein natürlicher, vielfältiger, ungezwungener und lebenslanger Umgang mit Musik ist daher notwendig bzw. günstig, um Potenziale zu bewahren und zu entfalten.

Negative Umwelteinflüsse hinsichtlich der Entwicklung musikalischer Fähigkeiten gibt es viele. Dazu gehören Einflüsse innerhalb und außerhalb von Familien, Einflüsse in pädagogischen Institutionen oder auch ästhetische und stilistische Vorgaben bzw. Ideale der jeweiligen Kultur. Bezogen auf die Thematik dieses Buches spricht Pfleiderer mit der „Kultur des passiven Zuhörens" eine europäische Kunstmusiktradition an, die den natürlichen Bewegungsdrang beim Hören von Musik auf unnatürliche Art unterbindet (vgl. Pfleiderer 2006: S. 94). Auch Spitzer bedauert, „dass es vielen Menschen im Bereich der westlich-zivilisierten Kulturen eher wenig gelingt, ihr Bedürfnis nach Bewegung mit und zu Musik in ihr Leben zu integrieren" (Spitzer 2009: S. 227).

Vorbehalte und vor allem Hemmungen in Bezug auf musikalische Tätigkeiten sind vielfach beobachtbare Folgen nicht gelungener musikalischer Entwicklung. Eine solche ‚Unmusikalität' muss aber hinsichtlich der Theorie um die „Universalität musikalischer Fähigkeiten" (Gembris 2005: S. 399) als erlernt bzw. erworben angesehen werden.

Bereits Truslit hat festgestellt, dass viele individuelle und sozio-kulturelle Faktoren sehr stark gegen den physiologisch gegebenen audiomotorischen Zusammenhang arbeiten (vgl. Truslit 1938: S. 72). Hemmungen des Rezipienten/der Rezipientin etwa lassen solche Gegebenheiten nicht oder nur bedingt zu. Wir erinnern uns: Seitens der Physik konnte bereits Huygens im 17. Jahrhundert mit seinem Pendeluhren-Experiment nachweisen, dass Synchronisationsleistungen Kontakt und Flexibilität voraussetzen (vgl. 5.3.1./S. 64 f.). Fraisse spricht in musikalischem Zusammenhang von einer bewussten und erlernten Unterdrückung der musikinduzierten körperlichen Reflexe (vgl. Fraisse 1982: S. 155). Bruhn berichtet von einer Abnahme der spontanen Bewegungen zu Musik mit Ende des sechsten Lebensjahres und macht dafür eine von den Kindern bewusst gesteuerte Kontrolle über Ruhe und Bewegung verantwortlich (vgl. Bruhn 2002: S. 294). Auch Jourdain hält eine rein geistige Musikperzeption ohne körperliche Beeinflussung für möglich.

> „Wenn wir uns auf eine Musik nicht einlassen, können wir ein Stück auch in all seinen Einzelheiten auf eine Weise anhören, die vollständig mental erscheint, ohne jede körperliche Reaktion."
> (Jourdain 1998: S. 393)

Es darf festgestellt werden, dass es gar nicht leicht ist, sich eine gesunde Einstellung zu seiner angeborenen Musikalität zu behalten. Der Musikpädagoge und Musikwissenschaftler Wilfried Gruhn ist Autor zahlreicher Publikationen vor allem im Bereich des frühkindlichen Musiklernens. In seinem Buch „Kinder brauchen Musik" (2003) plädiert er für eine natürliche und möglichst vielfältige Entfaltung der kindlichen Musikalität im häuslichen Umfeld vor allem in den ersten neun Lebensjahren, da dadurch die Grundlagen für musikalisches Denken und Handeln gelegt werden können. Es gehe dabei weniger um die Förderung späterer Leistung, sondern vielmehr um das spielerische und lustvolle Aneignen eines musikalischen Vokabulars als Basis für lebenslange Lernprozesse. Dies geschehe vor allem – ähnlich der Sprachentwicklung – durch differenzierte musikalische, insbesondere vokale, Hörangebote und die uneingeschränkte Möglichkeit, dem musikalischen Ausdrucksbedürfnis körperlich nachzugehen.

6.2. Physiologische Aspekte der Entwicklung rhythmischer Fähigkeiten

Die Motorik ist für die Aufschlüsselung bzw. Umsetzung rhythmischer Muster unentbehrlich. Motorische und rhythmische Entwicklung beeinflussen sich gegenseitig. Körperliches und rhythmisches Geschick gehen Hand in Hand.

So wie es ein angeborenes rhythmisches Potenzial gibt, so sind auch motorische Fertigkeiten einem gengesteuerten Prozess unterworfen, der unter geeigneten Umweltbedingungen auch ohne Lernanstrengung auftritt. Dieser Prozess der ‚physiologischen Reifung' bezieht sich auf die Entwicklung der Nervenbahnen und Synapsen und dauert etwa bis zum siebenten Lebensjahr (vgl. Bruhn 2005: S. 91 ff.). Hierbei darf jedoch keinesfalls von einem „hierarchischen, vorhersagbaren Ablauf" ausgegangen werden, vielmehr entwickeln sich Kinder „nach einem individuellen Muster" (vgl. ebd.: S. 92/93). Beispielsweise wird jedes gesunde Kind unter gesunden Umweltbedingungen auch ohne Förderung, ganz nach dem eigenen Zeitplan, um das erste Lebensjahr das Gehen erlernen. Manche früher, manche später, aber alle rechtzeitig.

Physiologische Reifung kann durch Übung allerdings auch erheblich beschleunigt werden, wodurch erklärt wäre, wieso bereits manch Vierjährige/r zu feinmotorischem Instrumentalspiel fähig ist (vgl. ebd.: S. 94). Aber auch jenseits musikalischer Höchstleistungen trägt das Üben im Sinne einer aktiven, vielfältigen und lustvollen Auseinandersetzung mit motorischen Angeboten förderlich zur Bewegungsentwicklung bei. Negative Umwelteinflüsse auf das Individuum seitens der Familie, der Freunde oder auch bedingt durch das Leben in der Stadt können auch hier hemmend auf innere Entwicklungsbedingungen wirken und direkt in eine erlernte oder erworbene ‚Unsportlichkeit' führen.

Jedes Kind ist stolz auf neu entdeckte Bewegungsformen. Das Laufen etwa ermöglicht dem Kind ein direktes körperliches Gefühl für ‚schnell', beim Hüpfen oder Galoppieren erfährt es einen punktierten Rhythmus. Das Ausleben des angeborenen Bewegungsdranges trägt daher nicht unwesentlich zum Verständnis rhythmischer Figuren bei. Mangelnde Bewegungserfahrungen hingegen können direkt mit einer geringeren Sensibilität für bzw. einem reduzierten Zugang zu musikalischen Rhythmen zusammenhängen.

6.3. Empirische Befunde zur Entwicklung rhythmischer Fähigkeiten

Herbert Bruhn von der Universität Flensburg hat sich in vielen Veröffentlichungen mit der Entwicklung von Rhythmuswahrnehmung und Rhythmusproduktion vor allem im Kindesalter auseinandergesetzt und dabei die Ergebnisse bisheriger Forschungen auf diesem Gebiet zusammengefasst (vgl. z. B. Bruhn 2002, Bruhn 2005).

Im Rahmen meiner Abhandlung ist besonders die Entwicklung der Ausführung von Rhythmen von Interesse. Dennoch sei gesagt, dass Neugeborene bereits direkt nach der Geburt regelmäßige und unregelmäßige Klicks voneinander unterscheiden können und schon der Säugling über gestaltpsychologische Prinzipien zur Gruppierung von Klangfolgen (z. B. Prinzip der zeitlichen Nähe; vgl. Abschnitt 4.2.3.2.) verfügt (vgl. Bruhn 2002: S. 291).

Rhythmen können also bereits wahrgenommen werden, noch bevor das Kind in der Lage ist, sie durch Bewegung darzustellen. Wie bereits geschildert, ist die Produktion von Rhythmus stark von der physiologischen Reifung abhängig. Dadurch erklären sich auch folgende Tendenzen (vgl. Bruhn 2005: S. 99 f.):

- Große motorische Bewegungen sind schwerer zu realisieren als kleinere. Beispielsweise kann das vierjährige Kind meist Trommelschläge mit einem Musikstück synchronisieren, nicht aber eine regelmäßige Schrittfolge dazu finden.
- Die Kategorien ‚schnell' und ‚langsam' entwickeln sich etwa im dritten Lebensjahr.

Im Folgenden sind noch weitere Merkmale hinsichtlich der Fähigkeit von Kindern zur Bewegungsanpassung zu vorgegebenen Rhythmen aufgelistet (vgl. ebd.: S. 100 ff.):

- Die Fähigkeit, ein Metrum kurzzeitig einzuhalten, setzt erst um das fünfte Lebensjahr ein.

- Es hängt vom Alter ab, wie schnell ein Kind zu einem vorgespielten Musikstück mitklopft. Jüngere Kinder neigen dazu, zu jedem musikalischen Ereignis eine Bewegung zu machen. Ältere Kinder spielen auf einer höheren metrischen Ebene mit. Gruhn begründet dies dadurch, dass Kinder auch in der Sprache sich zunächst in „kurzen syntaktischen Einheiten" (z. B. Zwei-Wort-Sätzen) ausdrücken und dass daher kleinere Unterteilungen dem kindlichen Vorstellungsvermögen eher entsprechen (vgl. Gruhn 2003: S. 52).
- Generell erleichtert die Sprachmotorik das Auffassen von Rhythmen. Mit drei Jahren etwa ist einem Großteil der Kinder das Mitklatschen zu einem Rhythmus nicht möglich, wohl aber das Nachklatschen des Sprachrhythmus. Mit fünf Jahren gelingen selbst komplexe Rhythmen, wenn sie an Texte gebunden sind.

Lässt man ein Kind seinen eigenen Rhythmus finden und spielen oder singen, so sind auch hier altersspezifische Unterschiede zu verzeichnen (vgl. Bruhn 2005: S. 100 ff.):

- Jüngere Kinder bevorzugen schnellere Tempi.
- Kleine Kinder tendieren spontan dazu, unakzentuierte Rhythmen zu produzieren.
- Je älter Kinder werden, desto eher bevorzugen sie metrische Rhythmen.
- Bis zum dritten Lebensjahr verwenden Kinder in ihren Liedern nur zwei Tonlängen. Eine dritte und vierte Tonlänge kommt bis zum vierten Lebensjahr hinzu. Dadurch wird verständlich, weshalb nur die wenigsten Kinder im Alter von drei Jahren einen einfachen Rhythmus mitklatschen können.
- Als pädagogisch wertvoll dürften sich die folgenden Forschungsergebnisse erweisen: Beim Improvisieren eigener Lieder bleibt mit ca. zwei Jahren bereits ein mehr oder weniger konstanter Puls erhalten. Zudem ermöglicht das Selbsterfinden bereits früh komplexe Rhythmen, die beim Mit- oder Nachmachen nicht möglich wären.

Die Bevorzugung metrischer gegenüber nichtmetrischen Rhythmen seitens älterer Kinder dürfte mit der Entwicklung des Zeitbegriffes zu tun haben (vgl. Bruhn 2005: S. 101). Bis zum sechsten Lebensjahr etwa haben Kinder noch kein ausgeprägtes Gefühl für Ton- und Pausenlängen. Erst mit ungefähr neun Jahren entwickelt sich ein stabiles Metrum-Konzept (vgl. ebd.: S. 100 f.). „Metrische Fähigkeiten scheinen eine höhere Stufe der kognitiven Verarbeitung darzustellen" (ebd.: S. 101). Das nächste Kapitel setzt sich daher mit Aspekten der zunehmenden kognitiven Entwicklung und ihrer Bedeutung für die Wahrnehmung und Produktion von Rhythmen auseinander.

6.4. Kognitive Aspekte der Entwicklung rhythmischer Fähigkeiten

Die Wahrnehmung zeitlicher Strukturen in der Musik hängt in bedeutendem Maße von physiologischen Reifungsprozessen ab. Durch die Erschließung der Umwelt mittels Wahrnehmung und Bewegung nimmt kontinuierlich auch die geistige Aktivität des Kindes zu. Das Gehirn verfügt hierzu „während der ersten Lebensjahre über den höchsten Grad an Plastizität, d. h. an Form- und Veränderbarkeit" (Gruhn 2003: S. 41 f.). Je nach den Reizen und Anregungen, die das Gehirn aus der Umwelt erfährt, bilden sich dichte und immer feinere kortikale Netzwerke, in denen die verschiedenen Empfindungen repräsentiert, also verarbeitet und gespeichert werden (vgl. ebd.: S. 42). Die Wahrnehmung von Rhythmen hängt somit auch vom Entwicklungsstand sogenannter ‚mentaler Repräsentationen' ab.

> „Durch wiederholtes Hören schleifen sich allmählich bestimmte Erfahrungsmuster ein. Es entstehen mentale Repräsentationen für die einzelnen Erscheinungen, z. B. für Rhythmen und melodische Gestalten, für Tonarten und Akkorde etc. Neurologisch beruht dies darauf, dass wiederholt erregte Nervenverbindungen die synaptische Verbindung verstärken und stabilisieren [...]. So entstehen feste Zellensembles, in denen bestimmte musikalische Phänomene repräsentiert werden. Trifft nun in der Wahrnehmung ein musikalischer Reiz auf ein bereits entwickeltes Muster (eine mentale Repräsentation), wird dieses aktiviert, kann *etwas als etwas* erkannt werden" (Gruhn 2003: S. 43).

Auch Bruhn spricht im Hinblick auf die Rhythmusverarbeitung von der Entwicklung kognitiver Repräsentationen im Kindesalter (vgl. Bruhn 2005: S. 105 ff.). Er geht dabei von einem Stufenmodell aus, wonach „Kinder zunächst ein Gefühl für den Puls von akustischen Ereignissen entwickeln, dann die unterschiedliche Gewichtung, das Metrum, und erst danach die Fähigkeit erwerben, mehrere unterschiedlich lange Töne in erkennbaren Relationen zu produzieren und reproduzieren" (Bruhn 2005: S. 107). Die von ihm zusammengetragenen empirischen Befunde, die im vorigen Abschnitt dieses Kapitels dargestellt sind, bestätigen diese Annahme.

Gruhn (vgl. 1998: S. 151 ff.) und Bruhn (vgl. 2005: S. 108 f., 2002: S. 296 f.) führen als weiteren Hinweis auf die stufenweise Entwicklung mentaler Repräsentationen die Untersuchungen von Hildebrandt (1987)[5], Upitis (1987)[6] und Bamberger (1991)[7] an. Dabei wurden Kinder unterschiedlichen Alters aufgefordert, einen vorgeklatschten Rhythmus so aufzuschreiben, dass andere Kinder ihn anhand des Notierten nachmachen können. Die Ergebnisse geben einen Einblick in die kindliche Vorstellungswelt und lassen Rückschlüsse auf die kognitive Verarbeitung von Rhythmen zu. Die wichtigsten Resultate sind in Abbildung 10 zusammengefasst und werden im Anschluss erläutert.

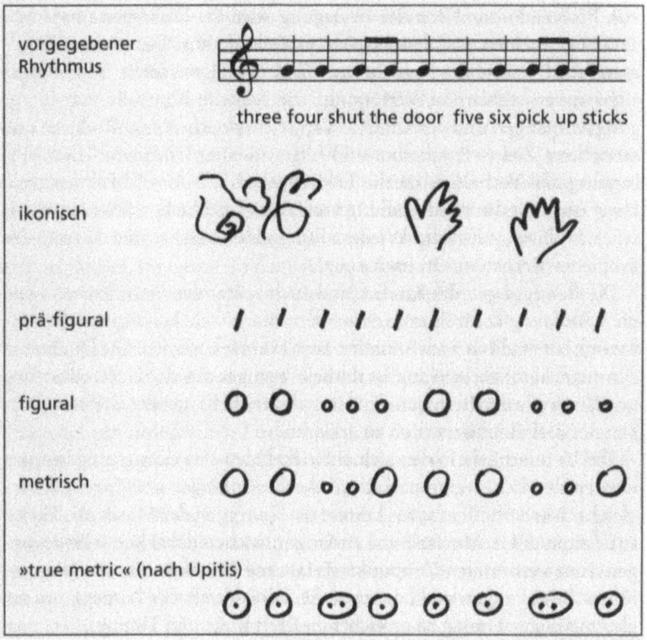

Abb. 10. Entwicklung der bildlichen Darstellung von Rhythmen
aus: Bruhn 2002, S. 296

[5] Carolyn Hildebrandt (1987). Structural-developmental research in music: conservation and representation. In J. C. Peery, I. W. Peery, T. W. Draper (Hrsg.), *Music and child development* (S. 80-95). New York, Berlin: Springer.
[6] Rena Upitis (1987). Children's understanding of rhythm: the relationship between development and music training. *Psychomusicology, 7* (S. 41-60).
[7] Jeanne Bamberger (1991). *The mind behind the musical ear. How children develop musical intelligence.* Cambridge, MA: Harvard University Press.

Auf der untersten Ebene der Entwicklung, der ikonischen Ebene, zeichnen vier- und fünfjährige Kinder die klatschenden Hände oder den spiralförmigen Bewegungsfluss der Hände und Arme beim Klatschen. Es wird also das körperliche Erleben des Rhythmus – nicht die zeitliche Gliederung – zu Papier gebracht. Diese Erkenntnis birgt wichtiges pädagogisches Potenzial und wird daher im nächsten Kapitel noch einmal aufgegriffen und ausführlich diskutiert.

Zwischen fünf und sechs Jahren erreichen die Kinder die Ebene der präfiguralen Repräsentation. Die Menge der wahrgenommenen musikalischen Ereignisse wird dargestellt. Ein Gefühl für den Puls einer rhythmischen Bewegung scheint sich etabliert zu haben, aber noch orientiert sich das Kind eher von Ton zu Ton als in größeren Strukturen oder Gruppen.

Um das siebente oder achte Lebensjahr gelingt Kindern meist eine erste Darstellung des Rhythmus. Es wird zwischen langen und kurzen Ereignissen bzw. größeren und kleineren Symbolen unterschieden; gezählt wird aber nicht, um die Tonabstände zu messen. Während auf figuraler Ebene noch der Bewegungsvorgang der Ausführung mitempfunden wird, das gestaltpsychologische Prinzip der zeitlichen Nähe zur Gruppierung der Klangfolge dient und das Kind einen Klang auf den soeben gehörten zurückbezieht, wird auf metrischer Ebene vorausschauend und auf ein Zeitraster bezogen notiert. Der längere Zeitraum bis zur nächsten Note wird – wie in der traditionellen Notenschrift – in die Notation einbezogen.
Lernprozesse dürften die Entwicklung der metrischen Repräsentationsebene beschleunigen.

> „Möglichkeiten einer figuralen und einer metrischen Kodierung bestehen vermutlich parallel nebeneinander, wobei die Personen mit größeren musikalischen Vorkenntnissen, z. B. aufgrund eigenen Musizierens, eher auf eine metrische Orientierung zurückgreifen."
> (Pfleiderer 2006: S. 75)

In der obersten Stufe der Entwicklung (true metric) werden Puls- und Toneinheiten in der Zeichnung zusammengefasst.

7. MUSIK- & BEWEGUNGSPÄDAGOGIK ZWISCHEN INTUITION UND GRUNDLAGENFORSCHUNG

Innerhalb der verwendeten Literatur finden sich nur selten Anmerkungen zur Bedeutung der wissenschaftlichen Forschungsergebnisse für die pädagogische Praxis.

Es wird jedoch des Öfteren das entsprechende Potenzial erkannt und der Wunsch nach einschlägigen Untersuchungen geäußert. Bengtsson etwa glaubt, „daß Untersuchungen dieser Art wichtige musikpädagogische Konsequenzen nach sich ziehen können" (Bengtsson 1963: S. 279). Auch Spitzer hält musikpsychologische und neurobiologische Erkenntnisse für die pädagogische Praxis für unentbehrlich (vgl. Spitzer 2009: S. VII).

Oft erscheint es allerdings so, als würde den Menschen ein intuitives Wissen um die Wichtigkeit audiomotorischer Verhaltensweisen oder die Auswirkungen verschiedener musikalischer Beschaffenheit zu eigen sein. Eine Mutter beispielsweise wird mit ihrem Baby automatisch in einer kindgerechten musikalischen Sprache kommunizieren, Schlaflieder singen oder dem Kind durch Schoßhüpfen zu vestibulären Reizen verhelfen. Auch DJs wählen ihre Musikstücke – vielfach unbewusst – nach gewissen Kriterien aus.

> „Zum impliziten musikpsychologischen Wissen von DJs gehört es, im Laufe eines Tanzabends (zum Beispiel eines Techno-Raves) die Stücke so auszuwählen, dass sich das Tempo langsam steigert. Durch die Annahme einer Kopplung an die Herzschlagfrequenz soll die körperliche Anregung der Tänzer ebenfalls zunehmen" (Kopiez 2005: S. 139).

Solche Befähigungen ergeben sich vor allem aus der eigenen Erfahrung und der Reiz-Reaktionsbeobachtung anderer. Sie sind demnach Resultate der Eigen- und Fremdwahrnehmung. Eine gute Beobachtungsgabe, Einfühlungsvermögen, Reflektiertheit und Spontaneität scheinen neben dem Wissen um elementar verankerte audiomotorische Zusammenhänge Voraussetzungen zu sein, um Musik und Bewegung gezielt für bestimmte Zwecke einzusetzen – für die Kommunikation zwischen Mutter und Baby, für die körperliche Aktivierung der Disko-BesucherInnen und nicht zuletzt für die musik- und bewegungspädagogische Arbeit.

Dieses Kapitel stellt die Musik- und Bewegungspädagogik, auch Rhythmisch-musikalische Erziehung (kurz: Rhythmik) genannt, als ein Fachgebiet vor, das sich der Wechselwirkung von Musik und Bewegung bedient. Es wird gezeigt, dass die Rhythmik durch ihre spezifische Arbeitsweise den musikpsychologischen und neurobiologischen Grundsätzen gerecht wird. Zudem wird der ein oder andere Ansatz aus dem theoretischen Teil dieses Buches herausgegriffen und auf seine Relevanz für die pädagogische Praxis untersucht.

7.1. Grundlagen der Rhythmik

Als der Schweizer Musiker, Komponist und Pädagoge Emile Jaques-Dalcroze Anfang des 20. Jahrhunderts ausgehend von der antiken Auffassung der ‚mousiké', also der Einheit verschiedener Künste auf Basis des Rhythmus, nach einer umfassenden musikalischen Bildung suchte, wurde die Grundlage der heutigen Rhythmik gelegt (vgl. Stummer 2006: S. 16).

Dalcroze kritisierte den einseitigen Umgang seiner SchülerInnen am Genfer Konservatorium mit Musik, weil diese nur nach technischer Präzision und Perfektion strebten, aber Probleme bei einfachen rhythmischen Aufgaben sowie bei Aufgaben der Gehörbildung oder Harmonielehre hatten und auch Schwierigkeiten damit, sich durch Musik auszudrücken. Dalcroze entdeckte, dass die Bewegung, also die Umsetzung und das Sichtbarmachen der Musik und damit der musikalischen Strukturen, den Menschen beim Erfassen musikalischer Vorgänge unterstützen kann. Musikalisches Empfinden könne über körperliche Erfahrung erlangt werden. Musik und Bewegung mit ihren gemeinsamen rhythmischen Elementen sollten als Einheit verstanden werden. Und obwohl Dalcroze die Bewegung in erster Linie als ‚Mittel zum Zweck' sah, die Notwendigkeit der Körperschulung demnach in der besseren Umsetzung der Musik begründet lag, erkannte er schon den Wert der Bewegung für die ganzheitliche Entwicklung des Kindes oder die Entfaltung des Körper- und Selbstbewusstseins:

> „[...] Das Kind in sich selbst eindringen zu lassen, es sich erkennen, sich beherrschen, von seiner Wesenheit Besitz ergreifen zu lehren. Es begreift den wunderbaren Mechanismus dieses Körpers, den Gott uns nicht gegeben hat, um ihn zu verachten, sondern zum würdigen Haus unserer Seele zu gestalten; und in der Gewissheit, dass alle Bewegungen leicht ausgeführt werden können, die andere von ihm verlangen oder die es selbst zu machen wünscht, fühlt das Kind, wie sich sein Wille zum Gebrauch der quellenden Kräfte, die ihm verliehen sind, entfaltet. Seine Einbildungskraft entwickelt sich zugleich, denn sein Geist, dem jeder Zwang physischer Beunruhigung genommen ist, lernt sich seinem Fluge voll hinzugeben" (Jaques-Dalcroze 1916: S. 4).

Allmählich entwickelte sich die Dalcroze-Methode vom musikbezogenen Fach zu einem allgemeinpädagogischen und weitreichenden Arbeitsprinzip. VertreterInnen verschiedener Bereiche nahmen Ideen Jaques-Dalcrozes auf und entwickelten daraus unterschiedliche Theorien und Schulen.

Die heutige Rhythmik ist ein künstlerisch-pädagogisches Arbeitsprinzip, das sich am Menschen orientiert, vom natürlichen Bedürfnis nach Bewegung ausgeht und sich der Wechselwirkung von Musik und Bewegung bedient. Mit den Mitteln Musik, Bewegung, Stimme und Material werden Lernfelder angeboten, in die sich der Mensch mit all seinen Sinnen, handelnd und improvisierend einbringt und dabei nicht nur motorische oder musikalische Fertigkeiten erwirbt, sondern auch Fähigkeiten in den Bereichen Sensibilisierung der Sinnes- und Körperwahrnehmung, Kreativität oder Soziales Lernen. Rhythmik dient somit der Persönlichkeitsentwicklung, ist Lernen mit dem Körper über die Sinne und die Körpererfahrung. Dabei wird der ganze Mensch in seinen motorischen, affektiv-sozialen und kognitiven Fähigkeiten angesprochen und gefördert (vgl. Witoszynskyj et al. 2004: S. 11).

Rhythmik ist prozess- und handlungsorientiert sowie sozial-interaktiver Gruppenunterricht. Menschliche Bedürfnisse nach Bewegung, Spaß, Gemeinsamkeit, Zwanglosigkeit oder Eigenständigkeit müssen ebenso berücksichtigt werden wie das Wissen um die Notwendigkeit des rhythmischen Ausgleichs unterschiedlicher Polaritäten. Polaritäten, also Gegensätze wie Aktivität und Passivität, schaffen Spannungsfelder, die große Erlebnis- und Lernpotenziale beinhalten und die es auszugleichen gilt. In der Rhythmik geschieht dies,

> „wenn die einzelnen beteiligten Faktoren in allen ihren möglichen Ausprägungen und Formen bewußt gemacht und in ihrer Bezogenheit und existenziellen Verbundenheit im Ganzen in immer neuen Situationen und unter den verschiedenen Bedingungen erfahren, erkannt und ausgedrückt werden“ (Frohne 1981: S. 39).

Das Arbeitsfeld der Rhythmik zeichnet sich durch eine Komplexität an Mitteln, Zielen und Lernbereichen aus, welche sich überschneiden und in enger Wechselbeziehung zueinander stehen (siehe Abbildung 11). Dem Menschen offenbart sich dadurch ein breites Lernfeld, das er mitgestaltet, worin er sich als Individuum und in Kontakt mit der Gruppe erlebt und das ihn in seiner ganzen Persönlichkeit fördert.

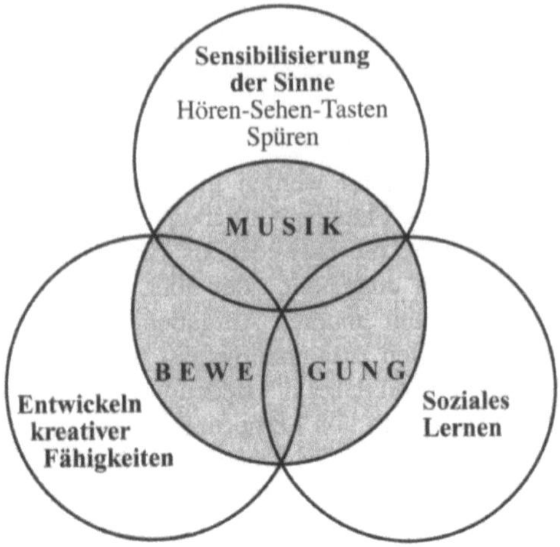

Abb. 11. Darstellung der Lernbereiche der Rhythmik
aus: Witoszynskyj et al. 2004, S. 50

7.2. Das selbstverständliche Wechselspiel von Musik und Bewegung in der Rhythmik

Wie im obigen Abschnitt erläutert, erkannte bereits Dalcroze die Bedeutung der direkten körperlichen Umsetzung musikalischer Strukturen. Die Bewegung solle dabei dem vertieften rhythmisch-musikalischen Verständnis dienen. Viele Jahrzehnte später wiesen Phillips-Silver und Trainor in ihrem Experiment genau diesen Zusammenhang wissenschaftlich nach: Die Bewegungserfahrung ist Voraussetzung für die auditive Entschlüsselung rhythmischer Figuren (vgl. Phillips-Silver/Trainor 2005; siehe Kapitel 5.1.). Auch Gembris stützt sich mit seiner Behauptung, „daß kinästhetische Empfindungen, d. h. muskuläre Aktivität, für die adäquate Wahrnehmung und Auffassung von Rhythmen unerläßlich sind“ (Gembris 1985: S. 162), auf experimentelle Befunde.

Ein derartiges sensomotorisches Zusammenspiel zielt vor allem auf kognitive Aspekte der musikalischen Rhythmuserfahrung. Durch die Bewegung zur Musik erlebt das Kind (aber auch der Erwachsene) Unterschiede in Tempo, Rhythmus oder Lautstärke auf spielerischer, körperlicher Ebene. Es ‚begreift' über das Erleben und das Tun. Erst dann ist etwa Begriffsbildung (z. B. langsam-schnell) oder gezieltes Instrumentalspiel nachhaltig möglich. Jede/r

RhythmikerIn arbeitet auf diese Weise und unterstützt damit intuitiv auf natürliche Art den Aufbau mentaler Repräsentationen der KursteilnehmerInnen.

Sensomotorische Angebote können aber auch vermehrt motionale, emotionale oder/und soziale Aspekte in den Vordergrund stellen. Musik wirkt – wie bereits mehrfach gezeigt werden konnte – ganzheitlich und auf vielfältige Art und Weise. Mal unterstützend, mal untermalend. Mal antriebsfördernd, mal entspannend. Mal emotional aufwühlend, mal beruhigend. Mal gruppenzusammenführend, mal separierend. In der Rhythmik wird Musik in all ihren Qualitäten bewusst, gezielt und ausgleichend eingesetzt, oftmals in Form von ‚Live-Bewegungsbegleitung'. Implizites Wissen über den Körper als resonanzfähiges System oder über rhythmische Synchronisationsphänomene ist Voraussetzung dafür.

Rhythmik geht von der angeborenen Musikalität des Menschen und dem angeborenen Bedürfnis, sich zur Musik zu bewegen, aus. Bedürfnisse und angelegte Fähigkeiten aufzugreifen und in offenen Lernsituationen zu unterstützen, macht wiederum Freude und motiviert. Rhythmik ist „bewegtes und bewegendes Lernen" (Bankl et al. 2009: S. 9) und arbeitet dabei ganz selbstverständlich auf Grundlage neurobiologischer und musikpsychologischer Gegebenheiten.

> „Die rhythmisch-musikalische Erziehung wird in ihrer Arbeitsweise und ihren Zielsetzungen den beschriebenen physiologischen und psychologischen Grundsätzen gerecht und bedient durch ihre Auseinandersetzung mit Musik und Bewegung zwei Bereiche, die in ihrer elementaren Form in jedem Menschen verankert sind. Durch eine bewusste Beschäftigung mit denselben kann eine ganzheitliche Entwicklung der Persönlichkeit in Gang gesetzt werden. Der sich zur Musik bewegende Mensch geht an den Ursprung seiner elementaren Bedürfnisse zurück und kann in seinem künstlerischen Ausdruck innere Bestätigung und Freude finden" (Zitzler 2005: S. 104).

Die Rhythmik kann durch ihren spielerischen und körperbezogenen Ansatz sogar in der Lage sein, dem erwachsenen Menschen, der ‚gelernt' hat, seine unbewussten Mitbewegungen zur Musik bewusst zu unterdrücken, wieder zu einem lustvollen Umgang mit Musik und Bewegung zu verhelfen.
An dieser Stelle sei noch einmal an Wilfried Gruhn erinnert, der die Entfaltung der kindlichen Musikalität am besten zu Hause und nicht in einer Institution aufgehoben sieht (vgl. Kapitel 6.1./S. 89).

> „Das meiste, was Kinder lernen und was grundlegend für ihre gesamte Entwicklung ist, z. B. Sprechen und begriffliches Denken, Körperbeherrschung beim Gehen, Laufen, Springen, Balancieren, Fahrradfahren und viele Handfertigkeiten, erwerben sie nicht im Rahmen formeller Unterweisung, sondern durch informelle Prozesse der Wahrnehmung, Erkundung und Erprobung" (Gruhn 2003: S. 41).

Dem ist absolut nicht zu widersprechen. Und gerade deswegen darf entgegengehalten werden, dass die Rhythmik trotz institutionellen Bedingungen dem natürlichen, kindgerechten Lernen bestmöglich entgegenkommt.

Zusammenfassend kann gesagt werden, dass die künstlerisch-pädagogische Arbeitsweise der Rhythmik in ihren Grundlagen durch wissenschaftliche Erkenntnisse vielfach bestätigt wird. Forschungsergebnisse können und sollen aber auch bereichernd wirken. In diesem Sinne greift der folgende Abschnitt einige ausgewählte Gedanken aus dem theoretischen Teil des Buches auf und macht sie sich direkt für den Rhythmikunterricht zunutze. Manche Gedankengänge werden dem/der engagierten RhythmikerIn vertraut sein und dürfen als Bestätigung der eigenen Arbeitsweise gelten, andere Ideen wiederum möchten aufgegriffen, ausprobiert und in die pädagogische Praxis integriert werden.

7.3. Konsequenzen aus der wissenschaftlichen Forschung für die Rhythmik

Der Rhythmus kann als ein Phänomen betrachtet werden, das in ganzheitlicher Weise wirkt. Musikalische Rhythmen laden zur körperlichen und emotionalen Anteilnahme ein, regen Denkleistungen an und erleichtern ein synchronisiertes Gruppengeschehen. Rhythmus als pädagogisches Mittel ermöglicht daher die Förderung kognitiver, motorischer und affektiv-sozialer Fähigkeiten. Die folgenden Darstellungen sind nach dieser Dreiteilung gegliedert; Überschneidungen einzelner Lernbereiche sind dennoch nicht zu umgehen.

7.3.1. Konsequenzen für kognitive Lernbereiche

> „Wenn wir Musik hören, führt unser Gehirn eine Vielzahl komplexer Funktionen aus. Diese dienen der akustischen Analyse, dem auditorischen Gedächtnis, der auditorischen Gestaltbildung sowie der Verarbeitung musikalischer Syntax und Semantik."
> (Koelsch/Schröger 2008: S. 393)

Darüber zu diskutieren, welche Bedeutung Musik im Zusammenhang mit kognitiven Leistungen zukommt (Stichwort: ‚Mozart-Effekt'), erscheint berechtigt. Obwohl aktuellste Untersuchungen nicht bestätigen können, dass sich etwa das Hören von klassischer Musik positiv auf das räumliche Vorstellungsvermögen auswirkt (vgl. Jäncke 2008: S. 403), so geht das vorliegende Buch dennoch von der Macht der Musik zur Beeinflussung des Menschen aus, um darauf aufbauend konkrete Modelle für den gezielten, bewussten und differenzierten Einsatz von Musik und Bewegung darzustellen.

Im folgenden Abschnitt soll weniger die Frage interessieren, welche geistigen Leistungen (Gedächtnis, Antizipation,...) Rhythmus zu fördern vermag. Vielmehr wird gezeigt, wie musikalische Rhythmen am besten erlernt werden.

Wie bereits erläutert, hat Lernen mit dem Aufbau von Repräsentationen im Gehirn zu tun. Beim Prozess der Rhythmuswahrnehmung wird dann der aufgenommene Reiz mit den bereits etablierten Repräsentationen verglichen und im Falle einer Übereinstimmung erkannt bzw. – ich erinnere an die kategoriale Wahrnehmung (siehe 4.2.5.) – einer Kategorie zugeordnet. Je mehr erlernte mentale Repräsentationen oder Kategorien zur Verfügung stehen, umso leichter kann der auditive Input vom Individuum verarbeitet werden und umso schneller eine adäquate Bewegungsreaktion stattfinden.

Das Beispiel einer ‚Zeige, was du hörst-Aufgabe' aus dem Rhythmikunterricht soll diese Zusammenhänge verdeutlichen: Der/die RhythmiklehrerIn spielt auf dem Klavier eine flotte Melodie mit Achtelnoten und gibt dadurch den Impuls für die Laufbewegung der Kinder. Ein Kind kann das Tempo der Bewegung aber erst dann bewusst dem Tempo der Musik anpassen, flottes Instrumentalspiel also erst dann willentlich mit einer raschen Schrittfolge in Verbindung bringen, wenn es körperlich dazu in der Lage ist und diesen Zusammenhang kognitiv erlernt und auch verstanden hat.
Neben vielerlei motorisch anregenden Spielen, die dem Kind das Ausleben seines Bewegungsdranges und damit das Entwickeln motorischer Fertigkeiten ermöglichen, dürften folgende Aspekte hierfür förderlich sein:

→ *Vielfach den umgekehrten Weg einer ‚Begleite, was du siehst-Aufgabe' gehen.*
Dabei begleitet die Pädagogin oder der Pädagoge auf einem Instrument die selbstgefundene Bewegung eines ‚Modellkindes', wodurch sie/er dem Kind und der restlichen Gruppe die Möglichkeit gibt, die Bewegung als räumlich-zeitlich-dynamische Gestalt zu verstehen und in einer ebensolchen musikalischen

Struktur zu hören. Sind solche ‚kinetischen Melodien' erst einmal vertraut, können sie später leichter erkannt und in Bewegung umgesetzt werden.

→ *Kinder – auch ohne formale Vorgaben – möglichst oft frei zur Musik bewegen lassen (schleichen, laufen, kriechen, rollen, hüpfen,…).*
Die Kinder sollen selbst herausfinden können, welche Bewegungen sich für welche Musik eignen. Durch die Macht des Rhythmus, direkt und unmittelbar auf das motorische Nervensystem zu wirken, nutzen Kinder ihren Körper ohnehin ganz selbstverständlich als Resonanzsystem. Es ist daher anzunehmen, dass sie von selbst ein Gefühl dafür entwickeln, was es bedeutet, sich mit der bzw. gegen die Musik zu bewegen.

→ *Den Kindern ganz viel Musik zum Hören anbieten.*
Schnelle und langsame Musik, laute und leise, hohe und tiefe, Melodien mit und ohne Text, Musik in unterschiedlichen Ton- und Taktarten sowie Musik aus verschiedenen Epochen und Genres.

> „[…] je vielseitiger die musikalische Lernumgebung ist, desto differenzierter kann sich das Repräsentationsnetz ausbilden. Lernpsychologisch und neurobiologisch wäre das viel angemessener; denn das Gehirn braucht Abwechslung, um nicht abzuschalten, aber auch Wiederholung, um die Verarbeitungswege zu festigen" (Gruhn 2003: S. 88).

Kinder lieben Wiederholungen. Kommt man diesem Bedürfnis nach und möchte man zugleich am Aufbau mentaler Repräsentationen der Kinder arbeiten, so erklärt sich die Bedeutung variantenreicher Wiederholungen: Mal wird ein Lied schnell, mal langsam gesungen, mal fröhlich und mal traurig. Die Arbeit mit Polaritäten unterstützt also auch die Entwicklung eines weitläufigen Kategoriensystems.

→ *Einen ‚sinn-vollen' Aufbau mentaler Repräsentationen ermöglichen.*
Lernstoff kann sich umso leichter im Gedächtnis festsetzen, je mehr Gehirnareale bei dessen Erarbeitung angesprochen werden. Beispielsweise sollte ein Lerninhalt über viele verschiedene Sinne erfahren werden, um eine nachhaltige Verankerung im Gehirn zu ermöglichen. Musikalische Rhythmen sollten demzufolge nicht nur über die Hör- und Körpererfahrung vermittelt werden, sondern auch über taktile oder visuelle Wahrnehmungskanäle. Rhythmen können etwa auch auf den Rücken getrommelt oder bildlich dargestellt werden. Die nachfolgenden Ausführungen weisen allerdings unter anderem auf mögliche ‚Gefahren' im Zusammenhang mit grafischer Notation hin.

Die Analyse von Rhythmus-Kindernotaten hat deutlich gezeigt, dass Kinder im Vorschulalter das körperliche Erleben eines Rhythmus und nicht dessen zeitliche Gliederung zu Papier bringen (vgl. Kapitel 6.4./S. 93 f.). Der spiralförmige Bewegungsfluss der Arme beim Klatschen findet in einer spiralförmigen Zeichnung eine Entsprechung.

> „Die Spirale ist also keine ikonische Abbildung der Bewegung des Rhythmus, sondern die unmittelbare Umsetzung der fließenden Körperbewegung beim Klatschen, aber nicht des geklatschten Rhythmus selber. Auf dieser Stufe findet noch keine distanzierte Auseinandersetzung mit der zeitlichen Gliederung des Rhythmus statt, sondern die Kritzelzeichnung ist unmittelbarer Ausdruck des Flusses der körperlichen Bewegung“ (Gruhn 1998: S. 162).

Rhythmus ist die zeitliche Ordnung der dahinfließenden Bewegung. Erwachsene messen Zeit eher abstrakt mit Zahlen oder Dauerangaben. Musikalischer Rhythmus wird daher in einem Taktschema mit Notenwerten festgehalten. Das Kleinkind aber erlebt Raum und Zeit noch direkt über den Körper. Es erfährt den Raum nur, soweit es seine Gliedmaßen zulassen. Auch weiß es nichts von Sekunden oder Minuten und Notenwerte sind ihm fremd. Dennoch erlebt es sich in einem ständigen rhythmischen Wechselspiel von Tag und Nacht oder von Spielen und Schlafen (vgl. Gruhn 2003: S. 67 f.). Durch das Ausfüllen solcher Zeitabschnitte mit Bewegung bekommt das Kind allmählich ein Gefühl für zeitliche Längen. Ein Tag kann lang sein und müde machen; Rituale ordnen den Tag und geben ihm eine Struktur. Der kontinuierliche Zeitstrom wird durch Ereignisse gegliedert, wodurch ein Rhythmus entsteht. Ein musikalisches Metrum darf in diesem Sinne als eine Folge von Akzentuierungen bzw. Gewichtungen zur Gliederung einer fließenden Bewegung verstanden werden (vgl. ebd.: S. 89). Metrum entsteht auf Basis des Bewegungsflusses. Wie aus den frühkindlichen Kritzelzeichnungen erkennbar, ist der Bewegungsstrom für das kleine Kind das grundlegende zeitliche Element. Erst wenn sich dieser etabliert hat, können Puls oder Metrum als höhere mentale Repräsentationen hinzukommen.

Das Erlernen eines Rhythmus über die körperliche „Erfahrung vom Fließen und Gewicht einer Bewegung“ (Gruhn 1998: S. 152) kommt dem natürlichen Aufbau mentaler Repräsentationen daher am meisten entgegen. „Ohne die Fähigkeit zu einer harmonisch fließenden Bewegung kann kein stetes Zeitgefühl entstehen“ (ebd.: S. 196).

Wir erinnern uns: Bis zum sechsten Lebensjahr etwa haben Kinder noch kein ausgeprägtes Gefühl für Ton- und Pausenlängen. Dies sind auch jene Lebensjahre, in denen das Kind die Grundformen der Motorik erlernt. Eine koordinierte und zielgerichtete Bewegungsführung ist demnach Voraussetzung für rhythmisch-zeitliches Verständnis und damit auch für Instrumentalspiel und Gruppenmusizieren.
Es empfiehlt sich daher, vor dem (abstrakten) Zählen, Klatschen oder Klopfen von Rhythmen, diese ganz elementar während der Bewegung zu erfahren. Chiffontücher etwa unterstützen einen fließenden Bewegungsstrom und laden auf spielerischer und körperlicher Ebene dazu ein – beispielsweise in Musikstoppaufgaben –, den Zeitstrom zu gliedern. Ein weiteres Spiel im Rhythmikunterricht könnte sein, auf ein bestimmtes musikalisches Signal das Tuch auf den Boden zu legen und sich daraufzusetzen oder das Tuch mit einer anderen Person zu tauschen. Dadurch wechseln sich fließende und gewichtete Bewegungen ab. Es entstehen Akzentuierungen, die auch mit musikalisch schweren Taktzeiten in Einklang gebracht werden können. Schwere und leichte Taktzeiten bekommen eine körperliche Entsprechung, so wie etwa auch beim Springen in einen Reifen oder beim Prellen eines Balles.
Eine solche Herangehensweise an einen musikalischen Rhythmus kann für das Kind wie den Erwachsenen lohnend sein. Denn auch wenn der erwachsene Mensch bereits über metrische und rhythmische Repräsentationsebenen verfügt, so sind diese dennoch meist als Konstrukt von Regeln und abstrakten Denkweisen zu sehen. Körperliches Verstehen ist oft nicht gegeben.

Figurale Darstellungen eines gehörten Rhythmus entstehen, da das Kind den Rhythmus so notiert, wie es ihn auditiv und körperlich erlebt. Oft wird etwa der Abschlusston einer Phrase als kurzer Ton dargestellt, obwohl ein längerer Zeitraum zum nächsten Ton verstreicht (vgl. Grafik auf S. 93). Die kindliche Notation kann daher von der symbolisierten Standardnotation mitunter erheblich abweichen. Die figurale Repräsentationsebene ist jedoch Teil der stufenweisen Rhythmusverarbeitung und sollte in musikalischen Lernprozessen nicht übersprungen werden, da jede Entwicklungsphase den Korridor für die weitere Entwicklung eröffnet (vgl. Bruhn 2005: S. 228). Die Ausblendung wichtiger Bestandteile der musikalischen Entwicklung hätte eventuell zur Folge,

> „[...] daß man einen angemessenen Verstehensmodus verfehlt und über abstrakte, formale Phänomene spricht, die in der mentalen Repräsentation noch gar nicht ausgebildet und als Bedeutung verankert sind und daher noch gar nicht verstanden werden können."
> (Gruhn 1998: S. 167)

Für den (musikpädagogisch orientierten) Rhythmikunterricht ergeben sich daraus die Notwendigkeit altersgemäßer musikalischer Anregungen sowie die Bedeutung der kindgerechten grafischen Notation.
Zum einen muss vor der formalen Vorstellung und begrifflichen Benennung einer bestimmten Gegebenheit eine konkrete figurale Repräsentation vorhanden sein. Der Klang einer Tonleiter ist demnach wichtiger als die Kenntnis über deren Aufbau mit Ganz- und Halbtonschritten, die körperliche Erfahrung eines Auftaktes wichtiger als mathematische Kenntnisse über das Verhältnis von Auftakt und Schlusstakt. „Musiktheoretische Kenntnisse stehen [...] immer am Ende eines Lernprozesses" (Gruhn 1998: S. 206).
Zum anderen sollten grafische Symbole einen direkten Bezug zum entsprechenden körperlichen Erleben aufweisen. Es kann aber auch der Weg gegangen werden, wobei das Kind oder der Erwachsene sich zur Musik bewegt und nachher das Erlebte zu Papier bringt. Dabei können sich die motionale, die emotionale sowie die kognitiv-strukturelle Dimension der musikalischen Rhythmuserfahrung in einem individuellen Bild vereinen. Musik wird ganz unmittelbar und persönlich dargestellt. Allgemeinpädagogische Inhalte wie Kreativität, Eigenständigkeit, Akzeptanz oder das Lernen miteinander, aber im eigenen Zeitmaß, stehen über der formellen, abstrakten Unterweisung. Dennoch können musikalische Lerninhalte unterstützt werden, da der natürliche Aufbau mentaler Repräsentationsebenen gefördert und ganzheitliches Lernen ermöglicht wird.

Dass neben der ganzkörperlichen Bewegung auch die Sprachmotorik das Erlernen von Rhythmen unterstützt, konnte in empirischen Forschungen eindeutig nachgewiesen werden (vgl. Kapitel 6.3./S. 91). Folgende Sachverhalte sind für den Zusammenhang von Rhythmus, Sprache und Bewegung verantwortlich (vgl. Spitzer 2009: S. 119/S. 193/S. 208; Jäncke 2008: S. 387; Gruhn 2003: S. 53):

- Der Rhythmus (lang/kurz, betont/unbetont,...) ist ein Element von Musik, Sprache und Bewegung; Sprache ist ein komplexes zeitliches Konstrukt.
- Das Wahrnehmen von Sprache setzt – ähnlich der Rhythmuswahrnehmung – eine sehr genaue zeitliche Informationsverarbeitung und eine Ordnung in Gruppen und Gestalten voraus. Dabei sind ebenfalls Prinzipien der kategorialen Wahrnehmung (wir hören nicht einzelne Frequenzen, sondern ganze Wörter) und der psychologischen Gegenwart (wir können nur eine begrenzte Dauer einer sprachlichen Infor-

mationseinheit als gegenwärtig empfinden) oder auch gestaltpsychologische Prinzipien (wir fassen sinnbildende Einheiten zusammen) aktiv.

- Die Wahrnehmung und Verarbeitung von Sprache und Rhythmus wird von sich stark überlappenden Nervenzellnetzwerken bewerkstelligt.
- Sprachrhythmus bedarf eines dahinfließenden Redestroms.
- Die Steuerung von Sprachmotorik und Körpermotorik erfolgt über den motorischen Cortex. Die Fähigkeit zur Kontrolle über den Bewegungsapparat ermöglicht auch eine Kontrolle über die Kehlkopf- und Stimmbandeinstellungen.
- Bereits der Säugling erlebt durch die intuitiv-kindgerechte Ansprache (melodische Sprachkonturen, übertriebene Betonungen, kurze und wiederholte Aussagen,...) und die oftmals begleitenden Körpererfahrungen (streicheln, heben,...) ganz unmittelbar die bedingenden Elemente der Rhythmus- (und Sprach-)Wahrnehmung.

Sprache und Rhythmus werden im Gehirn ähnlich repräsentiert und stehen in enger Beziehung zum körperlichen Erleben sowie zu einer frühkindlichen positiv behafteten Erfahrung. Die wechselseitige Beeinflussung und Bereicherung der drei Mittel Musik, Bewegung und Sprache ist daher nur allzu verständlich.

> „Reime und Nonsensverse mit starker Betonung des Sprachrhythmus [...] wecken im Kind [...] das Empfinden für musikalischen Rhythmus und schulen die Merkfähigkeit. Überdies geht von rhythmisch gesprochenen Versen ein starker Bewegungsanreiz aus, welchem durch das Einsetzen von Gesten und Körperinstrumenten entsprochen werden kann“ (Witoszynskyj et al. 2004: S. 19 f.).

An dieser Stelle kann angemerkt werden, dass gerade beim kleinen Kind Bewegungsverhalten meist noch unmittelbar mit stimmlichen Äußerungen verbunden ist. Während der Säugling seine Strampelbewegungen mit Lauten begleitet, läuft das Kleinkind schreiend durch den Raum und das Vorschulkind untermalt sein Spiel summend oder singend. Im Sinne einer Entfaltung des angeborenen genetischen Potenzials an Musikalität (vgl. Kapitel 6.1.) sollten diese Verhaltensweisen nicht unterbunden werden.

Auch der Erwachsene, egal ob Laie oder Profimusiker, profitiert beim Erlernen neuer Rhythmen von der Sprachmotorik. Indische Tablaspieler etwa „lernen die kompliziertesten Rhythmen, indem sie den unterschiedlichen Schlagarten Silben zuordnen“ (Schulze 2005: S. 478). Reinhard Flatischler beschäftigte sich vor Ort intensiv mit indischer Rhythmuslehre und erlebte dabei die rhythmische Stimme als „Brücke zwischen Hören und Bewegen“ (Flatischler 2006: S. 188). In der von ihm entwickelten ‚TaKeTiNa-Rhythmuspädagogik‘ werden ausgehend von gesprochenen Rhythmus-Silben durch die Überlagerung von Schritten, Klatschern, Instrumentalspiel und Gesang komplexe rhythmische Gestalten aufgebaut. Rhythmus soll dadurch auf natürliche Art in Kopf und Körper gelangen.

Das ganzheitliche Verständnis von Rhythmus hat unmittelbare Konsequenzen für das Erlernen musikalischer Rhythmen.
Gerade Kinder sind sich und uns dabei die besten Lehrmeister: Kinder würden von selbst nicht auf die Idee kommen, für die Erfassung von Ton- und Pausenlängen Zahlen zu verwenden. Sie begegnen Rhythmen nicht rein auf intellektueller Ebene, sondern erfahren diese ganz elementar über Körper, Stimme und Gemüt.

7.3.2. Konsequenzen für motorische Lernbereiche

(Sprach-)Motorik unterstützt das Erfassen von musikalischen Rhythmen. Mangelnde Bewegungserfahrungen oder sprachliche Defizite resultieren daher direkt in eine geringere Sensibilität hierfür.

Umgekehrt kann die rhythmisch-metrische Betätigung positive Auswirkungen auf motorische Fertigkeiten haben. Beispielsweise setzt die Neurologische Musiktherapie musikalische Impulse gezielt für Gangschulung oder Sprechtraining ein (vgl. Kapitel 5.5.). Stotterern oder Parkinson-PatientInnen kann dabei im Idealfall zu mehr Bewegungsfluss und einer klareren Sprache verholfen werden (vgl. Leins/Thaut 2007: S. 93).

Doch auch jenseits krankhafter Störungen korrelieren rhythmische und motorische Fertigkeiten. Die Rhythmikerin Mimi Scheiblauer etwa macht darauf aufmerksam, dass mit dem Zeitlichen in der Musik das motorische Nervensystem geschult werden könne (vgl. Scheiblauer[8]; zit. n. Witoszynskyj et al. 2004: S. 22). Bruhn berichtet, dass sich die durch das plötzliche Körperwachstum in der Pubertät bedingte motorische Schwerfälligkeit von Jugendlichen dank rhythmischem Training verbessern lasse (vgl. Bruhn 2005: S. 110). Des Weiteren trägt der Einsatz einer rhythmisch gesprochenen Sprache in Form von Liedern, Reimen oder Geschichten (auch in Verbindung mit körperlicher Darstellung) zu einer spielerischen Auseinandersetzung mit sprachlichen Elementen wie Artikulation, Sprachrhythmus, Silbentrennung, Wortschatz, Begriffsbildung,

[8] Mimi Scheiblauer. *Lobpreisung der Musik, Nr. 145.* Zürich

Atemfluss oder Phrasierung bei. Vor allem Kinder sollen dadurch „zu einem möglichst unbefangenen, funktional entsprechenden und nicht schädigenden Umgang mit der Stimme" (Bankl et al. 2009: S. 19) kommen.

Dieser Abschnitt möchte aber weniger ein Plädoyer für die Wichtigkeit der musik- und bewegungspädagogischen Arbeit sein, sondern vor dem Hintergrund neurobiologischer und musikpsychologischer Rhythmusforschung das Augenmerk auf den gezielten Einsatz von Musik und Bewegung lenken.

In diesem Sinne wird in Folge erläutert, wie ein instrumentales oder stimmliches Musikstück gestaltet sein muss, um motorisch aktivierend oder entspannend zu wirken. Im Hinblick auf die Thematik meiner Abhandlung soll dabei vorwiegend die universelle Wechselwirkung zwischen der rhythmischen Musikgestaltung und dem resonanzfähigen Körper des Rezipienten/der Rezipientin interessieren. Individuelle und kulturelle Lernprozesse (Musikpräferenzen, soziales Umfeld,...) können nur am Rande berücksichtigt werden.

Wenn der/die MusiklehrerIn als Bewegungsmusik für Kinder eine flotte Melodie oder der/die MusiktherapeutIn zur Antriebsförderung von SeniorInnen alte Wienerlieder einsetzt, so nutzen beide zur Erreichung ihrer Ziele ein Wissen um Resonanzphänomene. Während eine Musik, die sich der Eigenfrequenz der kindlichen Gliedmaßen anpasst, den Kindern die Synchronisation mit der Musik erleichtert (vgl. 5.3.3.), rufen vertraute Melodien in der Seniorengruppe vielfach emotional angenehme Erinnerungen wach. Die so entstandene Gemütsbewegung kann sich wiederum positiv auf die körperliche Bewegung auswirken. Das motionale oder emotionale System kann durch Musik direkt erreicht werden und ‚mitschwingen'.

Pädagogisch gesehen hat ein solcher Umgang mit Resonanzphänomenen damit zu tun, den Menschen mit Musik ‚von dort abzuholen, wo er steht'. Erst dann ist ein gezieltes Hinführen zu einer neuen Erfahrungsebene leichter und für den/die KursteilnehmerIn befriedigender und nachhaltiger möglich.
Vor allem dem jungen Kind fällt es beispielsweise schwer, sich langsam zu bewegen. Sein spontanes Tempo ist durch körperliche Gegebenheiten nachweislich höher als beim älteren Kind oder beim Erwachsenen. Wird das spontane Tempo des Kindes musikalisch unterstützt, erlebt es seine Bewegungen in Einklang mit der Musik. Ausgehend davon können nun allmählich Tempo- oder Lautstärkeveränderungen stufenweise oder kontrastreich vorgenommen werden. Das Kind spürt die jeweiligen Unterschiede am eigenen Körper und findet entsprechende mentale Repräsentationen dafür.

Gembris hat sich in den 1980er Jahren mit ähnlichen Gegebenheiten beschäftigt (vgl. Gembris 1985). Er konnte in seinen Untersuchungen nachweisen, dass der momentane körperliche und psychische Aktivierungsgrad die Wahrnehmung von Musik beeinflusst. Ein stark erregter Mensch wird nach Gembris nur schwer auf eine scheinbar beruhigende Musik mit Entspannung reagieren. Die Schwingungen des Körpers und der Musik wären zu konträr. Eine Musik allerdings, die dem persönlichen Erregungszustand entspricht, könne besser integriert und körperlich verarbeitet werden und gerade dadurch vielleicht auch entspannend wirken. Gembris spricht in dieser Hinsicht von „Spannungsreduktion durch motorische Aktivität" (ebd.: S. 185).

> „Langsame, ruhige Musik ist zur Spannungsreduktion durch motorische Aktivität wenig geeignet. Daß Musik als Auslöser und zur Strukturierung erregungsadäquater Bewegungen dienen kann, setzt voraus, daß das Tempo der Musik dem Erregungsgrad des Hörers und seinem Bedürfnis nach Bewegung entspricht. [...] Ein starkes Auseinanderklaffen des internen Tempos (Erregungsebene) und des externen Tempos der Musik würde als starke Dissonanz zwischen den äußeren Reizen und inneren Reizen als unlustvoll erlebt und wohl eher die unangenehme Erregung und Spannung steigern" (Gembris 1985: S. 189).

Aus Sicht der Musik- und Bewegungspädagogin erscheinen diese Ergebnisse besonders relevant für den Erwachsenenunterricht:
Das Wechselspiel zwischen Spannung und Entspannung im Sinne des rhythmischen Ausgleichs findet in jeder Rhythmikeinheit Anwendung. Erwachsene haben dabei oft ein großes Bedürfnis nach längeren Entspannungsphasen, in denen sie passiv am Boden liegen. Dennoch fällt ihnen das Entspannen mitunter schwer und sie brauchen Zeit um loszulassen. Die Untersuchungen Gembris' geben uns einen Hinweis auf die mögliche Einleitung einer Entspannungssequenz, indem sie vor einer Diskrepanz zwischen internem und externem Tempo und einem ungünstigen Einsatz von Entspannungsmusik warnen. Entspannen kann sich nur, wer innerlich ruhig ist. Das aufwühlende Bewegungsspiel ist demnach eher ungeeignet um eine Entspannungsphase einzuleiten. Zudem könnte Entspannungsmusik bei starker Aktiviertheit Aversionen auslösen. Vielmehr ist eine (eventuell musikalisch begleitete) sanfte Überleitung anzustreben, wobei sich der Atem und der Geist immer mehr beruhigen können, um letztlich einen optimalen Zustand für die folgende Entspannung zu erreichen.

Der Einsatz von Entspannungsmusik erweist sich auch dadurch als problematisch, da ein und dieselbe Musik für die eine Person unterstützend, für eine andere störend sein kann, was sich vor allem durch unterschiedliche musikalische Präferenzen erklären lässt und durch die Gefühle und Erinnerungen, die man mit einer Musik verbindet.

Entgegen der oben dargelegten Rückschlüsse lehrt uns die Erfahrung, dass es für den Erwachsenen mitunter ein angenehmes und entspannendes Erlebnis sein kann, direkt im Anschluss an eine Bewegungssequenz in einer Ruhephase mit geschlossenen Augen den aufgewühlten Atem und dessen Beruhigung zu spüren.

Der in Kapitel 7/S. 95 erwähnte DJ arbeitet aber ganz im Sinne Gembris', wenn er das Tempo der von ihm ausgewählten Stücke stark dem momentanen Erregungszustand der TänzerInnen anpasst. Ihm geht es dabei aber um die zunehmende körperliche Aktivierung, wozu alleine schon die große Lautstärke der Disko-Musik beiträgt (vgl. 5.4.6.).

Neben dem raschen Tempo und der Lautstärke kann auch „eine regelmäßige, durch starke Akzente gegebene Gliederung des klanglichen Ablaufes“ (Hesse 2003: S. 156) aktivierend wirken. Auch Gerischer betont die Notwendigkeit eines guten Timings in der Tanzmusik (vgl. Gerischer 2003: S. 76 f.). Die Autorin begründet dies damit, dass wir unsere Körperbewegungen durch die Antizipation des Metrums zur Musik synchronisieren, weshalb unbeabsichtigte Schwankungen im Tempo der Musik verwirrend wirken.

> „Eine Pulsation braucht eine gleichmäßige Energiezufuhr, denn jede Schwankung hierin würde auch zu einer Verzögerung bei der Erfüllung der Erwartung oder zu einem überraschenden Ereignis gegenüber der Erwartungshaltung führen. […] Innerhalb eines Bewegungsmusters könnte man solche Vorgänge auch mit Stolpern oder Bremsen beschreiben, beides sind keine angenehmen Bewegungszustände. Auch das überraschende Element gibt uns nur Energie, solange es in einen stabilen Fluss eingebettet ist“ (Gerischer 2003: S. 76).

Mikrorhythmische Tendenzen oder die Stopps in Musikstoppaufgaben tragen als ‚überraschende Elemente‘ also ebenfalls zu einer freudvollen körperlichen Aktivierung bei, da sie aus einem fließenden Zeitstrom geboren werden und zum ‚Mitfließen‘ einladen.

Überraschend und damit aktivierend können nach Hesse auch bewusste Tempowechsel und häufige Lautstärkeveränderungen wirken, da dadurch ein Gewöhnungseffekt verhindert und Wachheit aufrechterhalten werden kann (vgl. Hesse 2003: S. 156). Rauhe fügt den antriebsfördernden Musikstrukturen im rhythmischen Bereich noch Synkopen, Off-beat-Phänomene oder Hemiolen sowie die Wiederholung eines kurzen, prägnanten und einprägsamen rhythmischen Motivs hinzu (vgl. Rauhe 1978: S. 65).

In der folgenden Tabelle (siehe Abbildung 12) hat Hesse charakteristische musikimmanente Merkmale im Hinblick auf deren aktivierende oder beruhigende Wirkung zusammengefasst:

Tabelle 18. *Musikalische Charakteristik und deren körperliche Wirkung*

Aktivierende Wirkung	Beruhigende Wirkung
Intensität	
große Lautstärke	geringe Lautstärke
große Lautstärkeänderungen	geringe Lautstärkeänderungen
starke Akzente	weiches Pulsieren
Zeitablauf	
schnelles Tempo	Tempo in oder unterhalb der Herzfrequenz
häufige Tempowechsel	gleichmäßiges Tempo
tänzerischer Dreiertakt	zweizeitige (gerade) Taktarten
Tonhöhenstruktur	
großer Tonhöhenumfang	geringer Tonhöhenumfang
weite Intervalle (melodische Sprünge)	enge Intervalle (Tonschritte)
aufwärts gerichtete Intervalle	abwärts gerichtete Intervalle
Klangcharakter	
hell strahlende Klangfarbe	weiche Klangfarbe
dissonante Klänge	konsonante Klänge
weiter harmonikaler Bereich	einfache Harmonik

Abb. 12. Musikimmanente Merkmale und deren körperliche Wirkung aus: Hesse 2003, S. 157

Abschließend sei gesagt, dass die Aktivierung oder Beruhigung durch Musik von vielerlei musikimmanenten und außermusikalischen Einflussfaktoren abhängig ist. Je nach Situation und Befindlichkeit kann ein und dieselbe Musik recht unterschiedlich wirken.

Das Anpassen der angebotenen Musik an den körperlichen und psychischen ‚Schwingungszustand' der KursteilnehmerInnen erleichtert jedoch die Überleitung zu neuen Lern- oder Erlebnisebenen. Neben einem einfühlenden pädagogischen Geschick ist dabei die Fähigkeit zur spontanen instrumentalen Improvisation hilfreich, denn keine Musik kann so variabel und direkt auf die momentanen Bedürfnisse der TeilnehmerInnen zugeschnitten werden wie die improvisierte.

7.3.3. Konsequenzen für affektiv-soziale Lernbereiche

Wie im letzten Abschnitt gezeigt werden konnte, haben Resonanzphänomene eine bestätigende und damit angenehme Wirkung auf den/die MusikhörerIn, da dieser/diese durch das Mitschwingen im Rhythmus einer Musik sowohl der Musik als auch sich selbst näher kommen kann.

Werden mehrere Personen durch Musikrezeption oder durch gemeinsames Musizieren und Tanzen vom rhythmischen Magnetismus angezogen, so entsteht ein kollektiver Zeitstrom. Die Bedeutung von musikinduzierten Synchronisationsprozessen für die Entstehung von Gemeinschaft und Ordnung wurde und wird in der Literatur vielfach diskutiert. Egal ob es sich um Arbeitslieder zur Erleichterung des gemeinsamen Bewegungsablaufes handelt oder um Techno-Musik zur identitätsstiftenden Abgrenzung Jugendlicher gegenüber Erwachsenen; immer geht es um das soziale Gefühl für den Zusammenhalt in menschlichen Gruppen (vgl. Kopiez 2005: S. 138).

> „Human beings desperately need to belong to communities that give guidance and meaning to their lives; and moving rhythmically while giving voice together is the surest, most speedy, and efficacious way of creating and sustaining such communities that our species has ever hit upon. Words and ideals matter and are always invoked; but keeping together in time arouses warm emotions of collective solidarity and erases personal frustrations as words, by themselves, cannot do. Large and complex human societies, in all probability, cannot long maintain themselves without such kinesthetic undergirding“ (McNeill 1995: S. 152).

Musik und Tanz bringen Menschen zusammen, da sie dem menschlichen Ur-Bedürfnis nach gemeinsamer Aktivität entspringen, Wohlbefinden vermitteln und durch die rhythmisch-metrische und demnach antizipierbare Komponente Synchronisation innerhalb der Gruppe erleichtern. „Musik ist gelebte Gemeinschaft“ (Spitzer 2009: S. 357).

Jeder Musikpädagoge/jede Musikpädagogin ist sich des sozialen Aspekts von Musik bewusst. Jedoch bestätigen erst jüngste wissenschaftliche Forschungen den wechselseitigen Zusammenhang von Musikalitätsentfaltung und Sozialverhalten.

Kirschner und Tomasello konnten nachweisen, dass Kleinkinder und Kindergartenkinder ihre Trommelschläge präziser zu einem vorgegebenen Trommelpuls synchronisieren, wenn ein sozialer Kontext gegeben ist, d. h. die Möglichkeit, mit einem Mitmenschen zusammenzuspielen anstatt nur auf eine akustische oder audiovisuelle Vorgabe zu reagieren (vgl. Kirschner/Tomasello 2009). Erstaunlich dabei ist, dass innerhalb des sozialen Settings selbst zweijährige Kinder zu untypisch langsamen Tempi (600 ms/100 bpm) fähig sind, was aufgrund des kindlichen höheren spontanen Tempos bis dahin noch nie beobachtet werden konnte (vgl. ebd.: S. 311). Offenbar verspüren schon kleine Kinder den Wunsch, sich miteinander zu synchronisieren um voneinander zu lernen. Zudem darf als Erklärung dieses Phänomens ein Zusammenhang mit dem Spiegelneuronensystem (vgl. Abschnitt 5.4.5.) vermutet werden (vgl. ebd.: S. 312).

Ein sozialer Kontext erleichtert also die Synchronisation mit einer gegebenen Pulsation. Umgekehrt setzt bekanntlich eine gemeinsame rhythmisch-musikalische Betätigung die Entwicklung von Sozialkompetenz in Gang. Auch dieser Zusammenhang findet durch Kirschner und Tomasello in ihrem jüngsten Artikel „Joint music making promotes prosocial behavior in 4-year-old children" eine experimentelle Bestätigung (vgl. Kirschner/Tomasello 2010). Im Zuge der Studie nahmen vierjährige Kinder in Paaren unter Anwesenheit eines Erwachsenen an einer spielerischen Sequenz teil. Unter denselben Spielbedingungen reicherte die Experimentalgruppe ihr Tun mit Gesang, Tanz und Instrumentalspiel an, während in der Kontrollgruppe jegliche musikalische Aktivität und auch jede gemeinsame rhythmische Bewegung vermieden wurde. Im Anschluss daran wurden die Kinder zwei gezielten Situationen ausgesetzt, um in einem Fall ihre Hilfsbereitschaft, im anderen Fall ihre Kooperationsfähigkeit zu testen. Ohne die genauen Testbedingungen zu beschreiben, sei hier gleich auf die Ergebnisse verwiesen: In beiden Fällen zeigten sich die Kinder, die an der musikalischen Sequenz teilgenommen hatten, deutlich stärker sozial (siehe Abbildung 13).

> „In conclusion, the best explanation for our results is that human children today have an innate proclivity to produce and to enjoy musical behaviours like the ones used in our study. This proclivity together with music's efficiency in coordinating voice and action – thereby highlighting the shared intention of acting together as a 'we' unit – encouraged the children in our study to behave more cooperatively and pro-socially towards each other" (Kirschner/Tomasello 2010: S. 363).

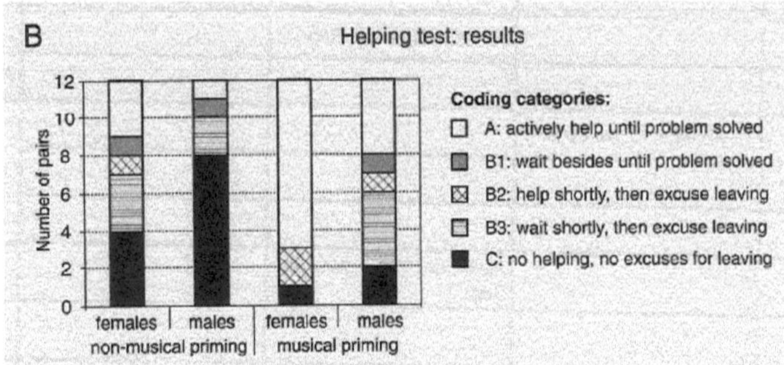

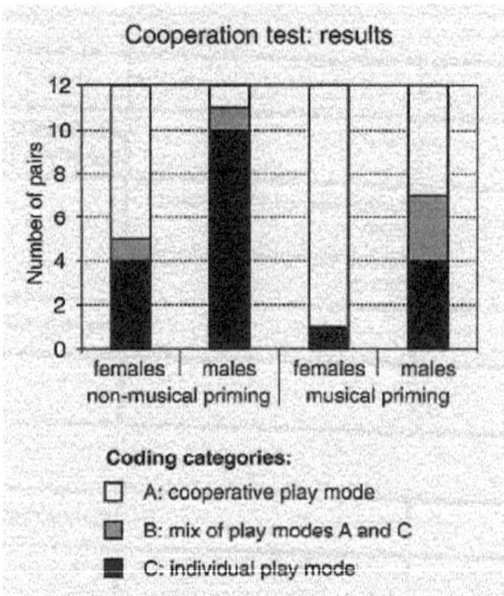

Abb. 13. Nachweis der positiven Effekte musikalischer Betätigung auf das Sozialverhalten von Vierjährigen
aus: Kirschner/Tomasello 2010, S. 358/359

„Musik unterstützt Soziales Lernen, weil wir durch sie lernen, zuzuhören, aufeinander zu reagieren und einander zu beachten" (Stummer 2006: S. 77). Innerhalb der Praxis der Rhythmik ist es allerdings nicht nur die musikunterstützte rhythmisch-metrische Betätigung, die die Entfaltung von Erziehungskompetenzen wie Hilfsbereitschaft, Kontaktaufnahme, Kooperationsfähigkeit oder Einfühlungsvermögen begünstigt. Auch sogenannte ‚Führen-Folgen-Aufgaben', Improvisationen, der Einsatz von Körpersprache oder der Umgang mit Materialien ziehen letztlich eine gemeinschaftliche Aktivität im selben Zeit- und Ordnungsrahmen nach sich. Die Ergebnisse von Kirschner und Tomasello geben uns zwar einen deutlichen Hinweis auf die Wichtigkeit der stimmlichen oder instrumentalen Begleitung jeglicher motorischer Aktivität, können aber natürlich auch so verstanden werden, dass es allgemein die gemeinsame rhythmische Bewegung ist, die soziale Lernprozesse in Gang setzt. Rhythmus muss jedoch nicht immer nur hörbar, er kann auch sicht- oder fühlbar sein. Angesichts des Wissens um die Notwendigkeit des rhythmischen Ausgleichs muss also – entgegen Kirschner/Tomasello – vor einer Überforderung des akustischen Wahrnehmungskanals gewarnt werden. Körper können sich schließlich auch über visuelle und taktile Eindrücke synchronisieren.

Ein weiterer Aspekt bleibt bei Kirschner und Tomasello unbeachtet: Eine gemeinsame rhythmisch-metrische Betätigung ermöglicht nämlich nicht nur die Förderung sozialer Fähigkeiten, die auf ein ‚Du' oder ‚Wir' gerichtet sind, sondern lässt auch Ich-stärkende Tendenzen zu.

Synchronisationsprozesse innerhalb einer Gruppe basieren auf der Flexibilität der daran beteiligten Individuen. „Die […] Ausbreitung der Synchronität beruht auf Kooperation" (vgl. Stewart/Strogatz 1994: S. 80). Anders gesagt: Um in einem kollektiven Bewegungsstrom schwimmen zu können, muss ein gemeinsamer Nenner gefunden werden. Jedoch ist der Mensch in der Lage, sich – trotz der direkten Wirkung des Rhythmus auf das motorische Nervensystem – bewusst der Synchronisationskraft zu entziehen (vgl. Kapitel 6.1.). Das Kind sowie der Erwachsene kann daher viel über sich selbst erfahren, wenn es/er seine Bewegungen in Relation zu denen der anderen setzt. Bin ich eher flott unterwegs? Schwimme ich gerne gegen den Strom? Passe ich mich leicht an? Zudem setzt die willentliche Entscheidung darüber, einen Rhythmus oder einen Bewegungsvorschlag zu ignorieren oder sich diesem anzupassen, die Fähigkeit voraus, sich durchsetzen bzw. unterordnen zu können, was wiederum mit Selbstvertrauen, Selbstsicherheit und Selbstständigkeit zu tun hat.

Im Rhythmikunterricht wird den TeilnehmerInnen in spielerischen Situationen die Möglichkeit gegeben, solche Erfahrungsprozesse zu durchleben. Ein Einstieg in eine Unterrichtseinheit mit Erwachsenen könnte zum Beispiel sein, die Gruppe frei durch den Raum gehen zu lassen. Jede/r darf in sich hineinhören und ein individuelles Gehtempo finden. Allmählich kann der Fokus dann von der Eigen- auf die Fremdwahrnehmung gerichtet werden. Die anderen Gruppenmitglieder werden zunehmend beobachtet und verschiedene Schrittgeschwindigkeiten ausprobiert. Zuletzt wird die Gruppe gebeten, ein gemeinsames Gehtempo zu finden. Oft bleiben einzelne TeilnehmerInnen unbeirrt bei ihrem Anfangstempo und es kann mitunter sehr lange dauern, bis sich ein einheitlicher Puls entwickelt. Im Zuge einer solchen Sequenz wird meist auch das synchrone ‚Schwarmverhalten' der Menschen sichtbar: Die Gruppe zieht die gemeinsame Bewegung im Linkskreis den individuellen freien Raumwegen vor. Es sei an das menschliche Ur-Bedürfnis nach gemeinsamer Aktivität erinnert. An all diesen Situationen kann angesetzt werden, um weitere Erfahrungsfelder zu eröffnen. Immer aber entsteht durch die Gruppe eine „tragende Kraft, die jedem erlaubt, in seinem eigenen Zeitmaß zu lernen“ (Flatischler 2006: S. 248).

7.4. Zusammenfassung und Ausblick

Emile Jaques-Dalcroze entdeckte im pädagogischen Kontext die Kraft der Bewegung für das ganzkörperliche rhythmisch-musikalische Verständnis. Musik einschließlich der rhythmischen Komponente könne mittels Bewegung besser empfunden, erlebt, gefühlt und ‚begriffen‘ werden.
Die körperlich-bewegte Auseinandersetzung mit musikalischen Rhythmen hat umgekehrt weitreichende mögliche Auswirkungen auf das menschliche Individuum. Rhythmus kann Bewegungsabläufe erleichtern, Rhythmus kann strukturieren, ordnen und Halt geben, Rhythmus kann berühren, motivieren, aktivieren und beruhigen, Rhythmus kann mitreißen und Gemeinschaft schaffen.

Dieses Buch versucht, der untrennbaren Einheit von Rhythmus und Bewegung insbesondere vonseiten der Musikpsychologie und Neurobiologie zu begegnen. Es wurde nach Gründen für die Faszination am Rhythmus gesucht, aktuelle Forschungsergebnisse wurden dargestellt und in Beziehung zur Praxis der Musik- und Bewegungspädagogik (Rhythmik) gesetzt. Dabei konnte gezeigt werden, dass RhythmikerInnen implizit über ein fundiertes Wissen über Resonanz- oder Synchronisationsphänomene verfügen. Selbst die Theorie der Spiegelneuronen scheint ihnen – man denke an das vorbildhafte Lernen mittels ‚Modellkindern‘ – intuitiv vertraut zu sein. Der Rat einer Kollegin, im Unterricht mit Jugendlichen die Musik besonders laut aufzudrehen, verweist zudem auf Kenntnisse über die „rock and roll threshold“.

Natürlich darf das nicht überbewertet werden. Es braucht im Grunde nur Einfühlungsvermögen und Sachverstand, um die Bedeutung von Musik und Bewegung zu verstehen bzw. Musik und Bewegung gezielt einzusetzen.
Bedenkt man aber, dass die Rhythmik seit geraumer Zeit unter ihrem geringen Bekanntheitsgrad leidet und darunter, dass ihr nicht immer die Wertschätzung und Anerkennung entgegengebracht wird, die sie verdient, erscheint die Darstellung über den selbstverständlichen Umgang mit Musik und Bewegung in neuem Licht. Es soll damit dazu ermutigt werden, das eigene Fach selbstbewusst zu vertreten.
Jedoch wären auch empirische Forschungen notwendig, um ein Fach wissenschaftlich zu fundieren.

Innerhalb meiner Abhandlung wurde der Weg gegangen, musikpsychologische und neurobiologische Forschungsergebnisse zusammenzutragen und die Rhythmik in Beziehung dazu zu setzen. Für die Zukunft wünschenswert und für eine weitere grafisch sichtbare und nachvollziehbare Bestätigung des Fachs dienlich wäre allerdings auch der direkte Weg, wobei die Rhythmik selbst Forschungsobjekt wird.

Ich selbst habe im Jahr 2008 – mit dankenswerter Unterstützung des Instituts für Umwelthygiene der Medizinischen Universität Wien (Dr. Michael Trimmel) sowie von Mag. Irmgard Bankl von der Universität für Musik und darstellende Kunst Wien – eine bislang unveröffentlichte Studie an einer Wiener Handelsakademie durchgeführt. Dabei sollten die positiven Auswirkungen der Rhythmik eine wissenschaftlich fundierte Grundlage finden. Schülerinnen wurden jeweils vor und nach den stattfindenden Rhythmikeinheiten per Fragebogen zu ihrem momentanen körperlichen und seelischen Zustand oder auch zu ihrer persönlichen Einschätzung des Klassenklimas befragt. Ohne auf die genaueren Gegebenheiten der Studie einzugehen sei gesagt, dass die Faktoren Klassenklima, Wohlbefinden und Selbstvertrauen nach abschließender Analyse am Ende der Forschungstätigkeit deutlich höhere Werte aufwiesen als zuvor (siehe Abbildung 14).

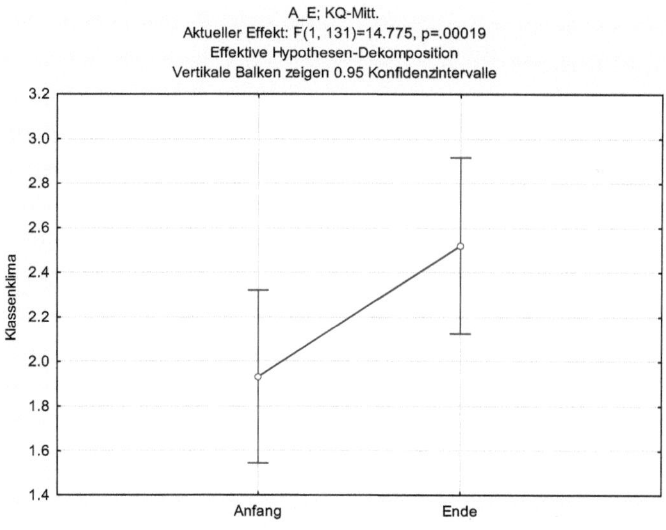

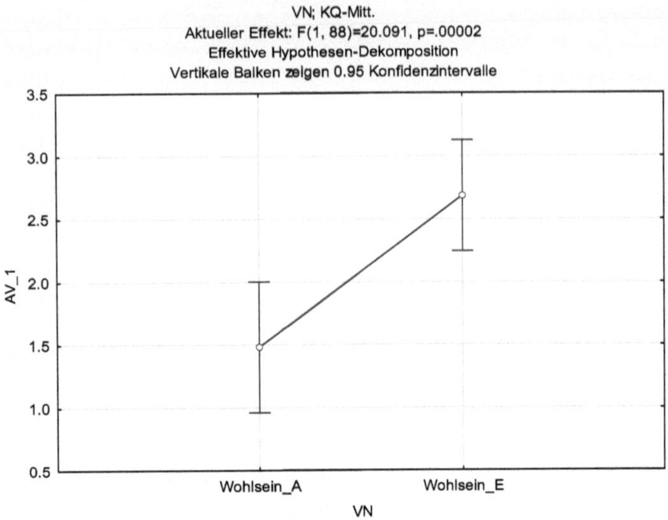

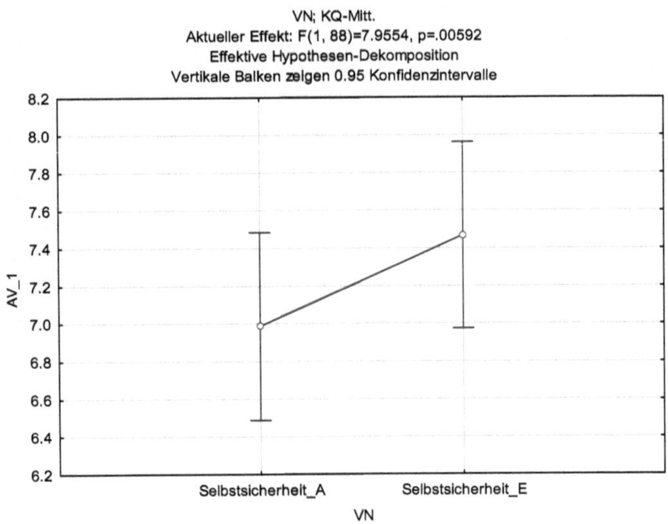

Abb. 14. Untersuchung der positiven Auswirkungen der Rhythmik im Rahmen einer empirischen Studie

Alle RhythmikerInnen wissen um das enorme Potenzial der Rhythmisch-musikalischen Erziehung für individuelle Lernprozesse. Spielerisches, großteils selbstinitiiertes, lustvolles und nachhaltiges Lernen ist mit Musik und Bewegung in einer zwanglosen und gemeinschaftlichen Atmosphäre möglich. Solche Erkenntnisse erfordern aber eine wissenschaftliche Untermauerung. In diesem Sinne sollen meine Überlegungen dazu ermutigen, Forschungsprojekte über die Wirkungen der Musik- und Bewegungspädagogik (Rhythmik) selbstbewusst in Angriff zu nehmen.

8. ZUSAMMENFASSUNG

Meine Auseinandersetzung mit der behandelten Thematik fand aufgrund alltäglicher Beobachtungen und durch den Wunsch nach wissenschaftlichen Erkenntnissen in den folgenden Forschungsfragen ihren Ausgangspunkt: Wie erklärt sich die Lust am Rhythmus? Wie die bewegungsanregende Wirkung desselben?

Zu Beginn dieses Buches werden zunächst eingrenzende Begriffsklärungen vorgenommen. Es wird gezeigt, dass Musik als komplexes Konstrukt auf vielerlei Art und je nach Stimmung und Erfahrungshintergrund des Rezipienten/der Rezipientin unterschiedlich wirkt. Die motorische Wirkung des Rhythmus scheint dabei am ehesten allgemeingültig und überzeitlich zu sein, weshalb Rhythmus ein wertvolles pädagogisches Mittel darstellt.

Die Frage nach der Wirkung von Rhythmus setzt die Frage danach voraus, wie Rhythmen überhaupt wahrgenommen werden. Ein eigenes Kapitel beschäftigt sich daher – anschließend an einige Gedanken über Geschichte und Inhalt der psychologischen Rhythmusforschung sowie über die Schwierigkeiten einer einheitlichen Rhythmusdefinition – ausführlich mit der kognitiv-strukturellen Dimension der musikalischen Rhythmuserfahrung.

Das Ohr, das Gehirn, unsere kategoriale Wahrnehmung, aber auch unser rhythmisch organisierter Körper helfen uns, einen akustischen Zeitstrom aufzugreifen, zu gewichten, zu ordnen, zu strukturieren und damit letztlich zu verstehen. Eine solche Ordnung hängt mit dem Tempo der auditiven Reizfolge zusammen und erfolgt durch Gruppierung nach subjektiven Kriterien oder nach Prinzipien der Gestaltwahrnehmung, durch die Wahrnehmung von Akzenten und durch die Bestimmung eines dem Rhythmus zugrunde liegenden Pulses. Wahrgenommene Muster werden dann mit bereits gespeicherten Repräsentationen verglichen und entsprechend eingeordnet. Je vielfältiger die musikalische auditive Szenerie, der man im Laufe seines Lebens ausgesetzt ist, desto größer ist das sich entwickelnde Netz an mentalen Repräsentationen und desto leichter und schneller geht der Einordnungs- und Wiedererkennungsvorgang vor sich.

Wiederholungen bzw. das Erkennen von Vertrautem sind wichtig für jegliche Art der Wahrnehmung. Die Induktion einer gleichmäßigen Pulsation und damit die Möglichkeit zur Antizipation sind aber nicht nur Bedingung für die Rhythmuswahrnehmung, sondern auch für die körperliche und soziale Synchronisa-

tion. Beim Hören von Musik erfolgt eine neuronale Aktivierung zukünftiger Handlungen. Die Lust am Rhythmus liegt also unter anderem in dessen Fähigkeit begründet, durch das antizipatorische Moment Menschen ganz leicht in Bewegungsabläufe hineinzuziehen. Rhythmus kann somit zur Arbeitserleichterung und zur Förderung von Gemeinschaftsgefühl beitragen.
Die Lust am Rhythmus entsteht neben den ordnenden Elementen aber auch durch bewegte, variable und überraschende Aspekte. Mikrorhythmische Phänomene bergen demnach ebenfalls viel Bewegungs- und Gemeinschaftspotenzial.

In meiner Abhandlung werden aber noch weitere Gründe für die Faszination am Rhythmus und für den unmittelbaren Zusammenhang von Rhythmus und Körperbewegung beschrieben:

Nehmen wir Rhythmen wahr, so sind sofort allerlei Nervenbahnen in Ohr und Gehirn aktiv. Dabei werden ohne unseren Willen viele motorische Zentren aktiviert: das Vestibulum, das Kleinhirn, der Olivenkomplex, die Formatio reticularis oder Teile des motorischen Cortex inklusive der auditiven Spiegelneuronen. Rhythmen gelangen über mehrere Wege direkt in unser motorisches System.
Neben dem rhythmischen Moment kann auch die Lautstärke einer Musik für ein lustvolles Musikempfinden und für eine mögliche Bewegungsauslösung verantwortlich sein, wobei wissenschaftlich nachgewiesen werden konnte, dass Muskeln der Nacken- und Schulterpartie sich durch laute Töne messbar reizen lassen.
Nicht zuletzt spielen pränatale Erfahrungen eine bedeutende Rolle hinsichtlich der motionalen und emotionalen Wirkung von Rhythmen, indem wir auf uns einwirkende rhythmische Motive unbewusst mit den als Fötus erlebten mütterlichen Schritt- oder Herzschlaggeräuschen in Verbindung bringen.

Musik übt mit ihren rhythmischen Anteilen eine wohltuende Wirkung auf den Menschen aus und gelangt ohne Umwege in dessen motorisches System. Im Normalfall treten Mitbewegungen beim Hören von Musik daher ganz spontan auf. Jedoch hat vor allem der Erwachsene ‚gelernt', diese Mitbewegungen bewusst zu unterdrücken. Während das Kind seine Freude an Musik und Bewegung meist noch unmittelbar zum Ausdruck bringt, wirken in späteren Jahren individuelle oder sozio-kulturelle Faktoren zunehmend hemmend auf solch natürliche Gegebenheiten.

Franz (siehe Einleitung) hat die wunderbare Gabe, sich in seinem elementaren Bedürfnis nach Musik und Bewegung und seiner kindlichen Freude nicht durch äußere Normen oder Meinungen einschränken zu lassen. Der Rhythmus konnte sofort als bindendes Glied zwischen uns fungieren. Doch auch die SeniorInnen aus dem Altersheim, mit denen ich rhythmisch arbeiten durfte, haben die wohltuende Wirkung des Rhythmus körperlich und emotional erfahren und konnten daher mit der Zeit ihre Skepsis abbauen und sich immer aktiver und freudvoller am Geschehen beteiligen. Und selbst der ‚coolste' Jugendliche tanzt bei entsprechendem Musikangebot ausgelassen in der Disko.

In diesem Sinne möchte mein Buch einerseits zum Erkenntnisgewinn beitragen, andererseits ermöglichen, Musik – vor allem im Unterricht – differenzierter und bewusster einzusetzen. Körper und Seele werden als resonanzfähiges System vorgestellt, dessen Eigenfrequenz durch Energiezufuhr mittels entsprechender Musik angeregt werden kann. Ein vorhandener innerer Rhythmus kann durch einen äußeren leicht bewegt werden. Indem der Blick für solche Zusammenhänge geschärft wird, soll eine gezielte Musikauswahl erleichtert werden.

Der Rhythmus wird zudem als ein Phänomen beschrieben, das in ganzheitlicher Weise wirkt und den Menschen in der Entwicklung seiner gesamten Persönlichkeit fördert. Nutzt man den musikalischen Rhythmus allerdings als pädagogisches Mittel, so sind Kenntnisse über die optimale Art des Rhythmuslernens notwendig, worüber ein eigener Abschnitt informiert. Die Entwicklung rhythmischer Fähigkeiten hängt etwa stark mit der physiologischen Reifung zusammen und unterliegt daher einer natürlichen Langsamkeit. Meine Ausführungen sollen dabei helfen, solche Gegebenheiten zu verstehen und zu respektieren.

Dieses Buch hat sich zum Ziel gesetzt, die motorische Dimension der musikalischen Rhythmuserfahrung im Hinblick auf musikimmanente Einflussfaktoren innerhalb der groben kulturellen Grenzen Europas zu untersuchen. Außermusikalische Kriterien wie etwa Musikpräferenzen oder der kulturelle Kontext können nur am Rande berücksichtigt werden, haben aber zweifellos starken Einfluss auf die Wahrnehmung und Wirkung von Musik. Hier bleiben offene Fragen zurück. Welche Bedeutung haben mikrorhythmische Phänomene in der Musik anderer Kontinente? Bringen alle Kulturen eine wahrgenommene Musik mit einem metrischen Bezugsrahmen in Verbindung?
Auch müssen alle diesem Text zugrunde liegenden Studien als Zwischenstand eines laufenden Forschungsprozesses verstanden werden, weshalb die zusammenfassende Darstellung nicht den Anspruch auf Vollständigkeit erheben kann.

Zudem können sich die Ausführungen angesichts der behandelten Thematik vorwiegend auf ausgewählte Teilbereiche der Rhythmik (Wahrnehmungsschulung, Förderung motorischer und musikalischer Fertigkeiten, Soziales Lernen,...) konzentrieren und den musik- und bewegungspädagogischen Rhythmusbegriff nicht in seiner ganzen Komplexität darstellen.

Dennoch dürfen die Ergebnisse der wissenschaftlichen Recherchen als Bestätigung der rhythmisch-musikalischen Arbeitsweise gesehen werden. Schließlich kann Musik in einem sozialen Kontext unter aktiver Beteiligung der Gruppenmitglieder (singen, tanzen, zuhören, improvisieren,...) am besten ihre ganzheitliche Wirkung entfalten. Lernen mit Musik und Bewegung eignet sich für Menschen aller Alters- und Bildungsstufen, da es elementare Bedürfnisse berücksichtigt und das momentane Sein respektiert. Rhythmik arbeitet dabei ganz selbstverständlich auf Grundlage neurobiologischer und musikpsychologischer Gegebenheiten und bietet genau das, was ein moderner, nach neuesten wissenschaftlichen Erkenntnissen ausgerichteter Unterricht leisten soll.

Es ist zu hoffen, dass eine solche Bestätigung dazu ermutigt, vielfältige Forschungsprojekte zur Wirkung der Musik- und Bewegungspädagogik (Rhythmik) selbstbewusst ins Leben zu rufen.

LITERATURVERZEICHNIS

ALTENMÜLLER, Eckart/SCHUPPERT, Maria/KUCK, Helen/BANGERT, Marc/GROßBACH, Michael: „Neuronale Grundlagen der Verarbeitung musikalischer Zeitstrukturen." in: K. Müller/G. Aschersleben (Hrsg.), *Rhythmus. Ein interdisziplinäres Handbuch.* Bern: Huber 2000, S. 59-78

ALTENMÜLLER, Eckart/GREWE, Oliver/KOPIEZ, Reinhard/NAGEL, Frederik: „Psychoacoustical correlates of musically induced chills." in: *Musicae Scientiae.* Spring 2008, Vol. XII, No. 1, S. 101-113

AMRHEIN, Franz: „Musik und Bewegung." in: Th. Hartogh/H.H. Wickel (Hrsg.), *Handbuch Musik in der Sozialen Arbeit.* Weinheim und München: Juventa Verlag 2004, S. 231-243

AUHAGEN, Wolfgang: „Rhythmus und Timing." in: H. Bruhn et al. (Hrsg.), *Musikpsychologie. Das neue Handbuch.* Reinbek bei Hamburg: Rowohlt 2008, S. 437-457

BANKL, Irmgard/MAYR, Monika/WITOSZYNSKYJ, Eleonore: *Lebendiges Lernen durch Musik, Bewegung, Sprache.* Wien: G&G Verlag 2009

BECK, Karin: „Rhythmus und Timing." in: H. Bruhn et al. (Hrsg.), *Musikpsychologie. Ein Handbuch.* Reinbek bei Hamburg: Rowohlt, 4. Auflage 2002 (1993), S. 459-466

BENGTSSON, Ingmar: „Über Korrelationen zwischen Durationsvariable und Rhythmuserlebnis." in: *Bericht über den internationalen musikwissenschaftlichen Kongreß Kassel 1962.* Kassel: Bärenreiter 1963, S. 276-279

BENGTSSON, Ingmar: „Empirische Rhythmusforschung in Uppsala." in: *Hamburger Jahrbuch für Musikwissenschaft.* Band 1. 1975, S. 195-219

BENGTSSON, Sara L./ULLÉN, Fredrik/EHRSSON, H. Henrik/HASHIMOTO, Toshihiro/KITO, Tomoniri/NAITO, Eiichi, FORSSBERG, Hans/SADATO, Norihiro: „Listening to rhythms activates motor and premotor cortices." in: *Cortex.* January 2009, Volume 45, Issue 1, S. 62-71

BENNETT, Matthew/SCHATZ, Michael F./ROCKWOOD, Heidi/ WIESENFELD, Kurt: „Huygens's clock." in: *Proceedings of the Royal Society of London A,* Vol. 458, 2002, S. 563-579

BREGMAN, Albert S.: *Auditory Scene Analysis. The Perceptual Organization of Sound.* Cambridge: The MIT Press 1990

BRUHN, Herbert: „Zur Definition des Rhythmus." in: K. Müller/G. Aschersleben (Hrsg.), *Rhythmus. Ein interdisziplinäres Handbuch.* Bern: Huber 2000, S. 41-56

BRUHN, Herbert: „Rhythmus in Wahrnehmung und musikbezogener Handlung." in: H. Bruhn et al. (Hrsg.), *Musikpsychologie. Ein Handbuch.* Reinbek bei Hamburg: Rowohlt, 4. Auflage 2002 (1993), S. 291-299

BRUHN, Herbert: „Entwicklung von Rhythmus und Timing." in: T.H. Stoffer/R. Oerter (Hrsg.), *Spezielle Musikpsychologie.* Göttingen: Hogrefe Verlag 2005, S. 89-121

CALVO-Merino, Beatriz: „Mirrors in the Brain as Connection to the World." in: M. Woitas/A. Hartmann (Hrsg.), *Strawinskys „Motor Drive".* München: epodium 2010

CLARKE, Eric F.: „Categorical Rhythm Perception: An Ecological Perspective." in: A. Gabrielsson (Hrsg.), *Action and Perception in Rhythm and Music.* Publications issued by the Royal Swedish Academy of Music No. 55. Stockholm 1987, S. 19-33

CLAYTON, Martin/SAGER, Rebecca/WILL, Udo: „In Time With The Music: The concept of entrainment and its significance for ethnomusicology." in: *ESEM Counter Point,* 2004, Vol. 1, S. 1-82

DE LA MOTTE-HABER, Helga: *Ein Beitrag zur Klassifikation musikalischer Rhythmen. Experimentalpsychologische Untersuchungen.* Köln: Arno Volk Verlag 1968

EFFENBERG, Alfred O./MECHLING, Heinz: „Zur Funktion audiomotorischer Verhaltenskomponenten." in: *Sportwissenschaft. The German Journal of Sports Science.* 1999, 29. Jahrgang, Nr. 2, S. 200-215

EVERS, Stefan: „Hirnphysiologische Grundlagen der Musikwahrnehmung." in: H. de la Motte-Haber/G. Rötter (Hrsg.), *Musikpsychologie.* Handbuch der Systematischen Musikwissenschaft Band 3. Laaber: Laaber 2005, S. 40-54

FISCHINGER, Timo/KOPIEZ, Reinhard: „Wirkungsphänomene des Rhythmus." in: H. Bruhn et al. (Hrsg.), *Musikpsychologie. Das neue Handbuch.* Reinbek bei Hamburg: Rowohlt 2008, S. 458-475

FLATISCHLER, Reinhard: *Rhythm for Evolution. Das TaKeTiNa Rhythmusbuch.* Mainz: Schott 2006

FRAISSE, Paul: „Rhythm and Tempo." in: D. Deutsch (Hrsg.), *The Psychology of Music.* New York: Academic Press 1982, S. 149-180

FRICKE, Jobst P.: „Rhythmus als Ordnungsfaktor. Informationspsychologische Bedingungen der Zeitgestaltung." in: A. Beer et al. (Hrsg.), *Festschrift Christoph-Hellmut Mahling zum 65. Geburtstag.* Mainzer Studien zur Musikwissenschaft Band 37. Tutzing: Hans Schneider 1997, S. 397-412

FRICKE, Jobst P./LOUVEN, Christoph: „Psychoakustische Grundlagen des Musikhörens." in: H. Bruhn et al. (Hrsg.), *Musikpsychologie. Das neue Handbuch.* Reinbek bei Hamburg: Rowohlt 2008, S. 413-436

FROHNE, Isabelle: *Das Rhythmische Prinzip. Grundlagen, Formen und Realisationsbeispiele in Therapie und Pädagogik.* Lilienthal/Bremen: Eres Edition 1981

GABRIELSSON, Alf: „Once again: The Theme from Mozart's Piano Sonata in A Major (K.331)." in: A. Gabrielsson (Hrsg.), *Action and Perception in Rhythm and Music.* Publications issued by the Royal Swedish Academy of Music No. 55. Stockholm 1987, S. 81-103

GABRIELSSON, Alf: „Timing in music performance and its relations to music experience." in: J.A. Sloboda (Hrsg.), *Generative Processes in Music. The Psychology of Performance, Improvisation, and Composition.* Oxford: Clarendon Press 1988, S. 27-51

GABRIELSSON, Alf: „The Complexities of Rhythm." in: T.J. Tighe/W.J. Dowling (Hrsg.), *Psychology and Music. The understanding of melody and rhythm.* Hillsdale: Erlbaum 1993, S. 93-120

GEMBRIS, Heiner: *Musikhören und Entspannung. Theoretische und experimentelle Untersuchungen über den Zusammenhang zwischen situativen Bedingungen und Effekten des Musikhörens.* Beiträge zur Systematischen Musikwissenschaft Band 8. Hamburg: Karl Dieter Wagner 1985

GEMBRIS, Heiner: „Wirkungen von Musik – Musikpsychologische Forschungsergebnisse." in: G. Hofmann/C. Trübsbach (Hrsg.), *Mensch & Musik: Diskussionsbeiträge im Schnittpunkt von Musik, Medizin, Physiologie und Psychologie.* Forum Musikpädagogik Band 51. Augsburg: Wißner-Verlag 2002, S. 9-27

GEMBRIS, Heiner: „Die Entwicklung musikalischer Fähigkeiten." in: H. de la Motte-Haber/G. Rötter (Hrsg.), *Musikpsychologie.* Handbuch der Systematischen Musikwissenschaft Band 3. Laaber: Laaber 2005, S. 394-456

GERISCHER, Christiane: *O suingue baiano – Mikrorhythmische Phänomene in baianischer Perkussion.* Europäische Hochschulschriften/Reihe 36/Band 237. Frankfurt/Main: Peter Lang 2003

GRUHN, Wilfried: *Der Musikverstand. Neurobiologische Grundlagen des musikalischen Denkens, Hörens und Lernens.* Hildesheim/Zürich/New York: Georg Olms Verlag 1998

GRUHN, Wilfried: *Kinder brauchen Musik. Musikalität bei kleinen Kindern entfalten und fördern.* Weinheim/Basel/Berlin: Beltz Verlag 2003

HANDEL, Stephen: *Listening. An Introduction to the Perception of Auditory Events.* Cambridge: The MIT Press 1989

HEIMANN, Roswitha: *Der Rhythmus und seine Bedeutung für die Heilpädagogik. Raum und Zeit als Grunddimension des Menschen.* Stuttgart: Urachhaus 1989

HESSE, Horst-Peter: *Musik und Emotion. Wissenschaftliche Grundlagen des Musik-Erlebens.* Wien: Springer-Verlag 2003

HIRSH, Ira J.: „Auditory Perception of Temporal Order." in: *Journal of the Acoustical Society of America.* June 1959, Vol. 31, No. 6, S. 759-767

JAQUES-DALCROZE, Emile: *Die Rhythmik. Methode Jaques-Dalcroze. Unterricht zur Entwicklung des rhythmischen und metrischen Instinktes, des Sinnes der plastischen Harmonie, des Gleichgewichtes der Bewegungen, und zur Regulierung der Bewegungsgewohnheiten.* Erster Band. Lausanne: Verlag von Joblin & Cie 1916

JÄNCKE, Lutz: *Macht Musik schlau? Neue Erkenntnisse aus den Neurowissenschaften und der kognitiven Psychologie.* Bern: Verlag Hans Huber 2008

JOURDAIN, Robert: *Das wohltemperierte Gehirn. Wie Musik im Kopf entsteht und wirkt.* Aus dem Englischen übersetzt von Markus Numberger und Heiko Mühler. Heidelberg/Berlin: Spektrum Akademischer Verlag 1998

KEIL, Charles: „The Theory of Participatory Discrepancies: a Progress Report" in: *Ethnomusicology.* Winter 1995, Vol. 39, No. 1, S. 1-19

KEIL, Charles: „Motion and Feeling through Music." in: Ch. Keil/S. Feld, *Music Grooves: essays and dialogues.* Tucson, Arizona: Fenestra Books, 2. ed. 2005 (1994), S. 53-76 [= Keil 2005a]

KEIL, Charles: „Participatory Discrepancies and the Power of Music." in: Ch. Keil/S. Feld, *Music Grooves: essays and dialogues.* Tucson, Arizona: Fenestra Books, 2. ed. 2005 (1994), S. 96-108 [= Keil 2005b]

KERNFELD, Barry (Hrsg.): *The New Grove Dictionary of Jazz.* Second Edition, Vol. 2. London: Macmillan Publishers Limited 2002 (1988)

KIRSCHNER, Sebastian/TOMASELLO, Michael: „Joint drumming: Social context facilitates synchronization in preschool children." in: *Journal of Experimental Child Psychology 102.* 2009, S. 299-314

KIRSCHNER, Sebastian/TOMASELLO, Michael: „Joint music making promotes prosocial behavior in 4-year-old children." in: *Evolution and Human Behaviour.* September 2010, Vol. 31, Issue 5, S. 354-364

KOELSCH, Stefan/SCHRÖGER, Erich: „Neurowissenschaftliche Grundlagen der Musikwahrnehmung." in: H. Bruhn et al. (Hrsg.), *Musikpsychologie. Das neue Handbuch.* Reinbek bei Hamburg: Rowohlt 2008, S. 393-412

KOPIEZ, Reinhard: „Musikalischer Rhythmus und seine wahrnehmungspsychologischen Grundlagen." in: C. Brüstle et al. (Hrsg.), *Aus dem Takt. Rhythmus in Kunst, Kultur und Natur.* Bielefeld: transcript 2005, S. 127-148

LANGNER, Gerald: „Die zeitliche Verarbeitung periodischer Signale im Hörsystem: Neuronale Repräsentation von Tonhöhe, Klang und Harmonizität." in: *Zeitschrift für Audiologie.* 2007, 46 (1), S. 8-21

LEINS, Anne Kathrin/THAUT, Michael H.: „Musiktherapie in der Neurologischen Rehabilitation (Schwerpunkt sensomotorische Therapie)." in: *Verhaltenstherapie & Verhaltensmedizin.* 2007, 28 (1), S. 86-99

McNEILL, William H.: *Keeping Together in Time. Dance and Drill in Human History.* Cambridge: Harvard University Press 1995

MÜLLER, Katharina: „Neurophysiologische Methoden zur Analyse zeitlicher Steuerungsmechanismen im Gehirn." in: K. Müller/G. Aschersleben (Hrsg.), *Rhythmus. Ein interdisziplinäres Handbuch.* Bern: Huber 2000, S. 293-310

MÜLLER, Katharina/ASCHERSLEBEN, Gisa (Hrsg.): *Rhythmus. Ein interdisziplinäres Handbuch.* Bern: Huber 2000

OERTER, Rolf/LEHMANN, Andreas C.: „Musikalische Begabung." in: H. Bruhn et al. (Hrsg.), *Musikpsychologie. Das neue Handbuch.* Reinbek bei Hamburg: Rowohlt 2008, S. 88-104

PARNCUTT, Richard: „Pränatale Erfahrung und die Ursprünge der Musik." in: L. Janus/S. Haibach (Hrsg.), *Seelisches Erleben vor und während der Geburt.* Neu-Isenburg: LinguaMed-Verl.-GmbH 1997, S. 225-240

PERETZ, Isabelle: „Processing of local and global musical information by unilateral braindamaged patients." in: *Brain.* 1990, Vol. 113, No. 4, S. 1185-1205

PFLEIDERER, Martin: „'It don't mean a thing if it ain't got that swing.' Überlegungen zur mikrorhythmischen Gestaltung in populärer Musik." in: *Jahrbuch Musikpsychologie. Wirkungen und kognitive Verarbeitung in der Musik.* Band 16. Göttingen: Hogrefe Verlag 2002, S. 102-124

PFLEIDERER, Martin: *Rhythmus. Psychologische, theoretische und stilanalytische Aspekte populärer Musik.* Bielefeld: transcript 2006

PHILLIPS-SILVER, Jessica/TRAINOR, Laurel J.: „Feeling the beat: Movement Influences Infant Rhythm Perception." in: *Science 3.* June 2005, Vol. 308, No. 5727, S. 1430

POVEL, Dirk-Jan/ESSENS, Peter: „Perception of Temporal Patterns." in: *Music Perception.* Summer 1985, Vol. 2, No. 4, S. 411-440

RAUHE, Hermann: „Grundlagen der Antriebsförderung durch Musik. Ein Beitrag zur musikalischen Wirkungsforschung." in: W.J. Revers/H. Rauhe, *Musik. Intelligenz. Phantasie.* Salzburg: Otto Müller Verlag 1978, S. 55-78

REUTER, Christoph: *Der Einschwingvorgang nichtperkussiver Musikinstrumente. Auswertung physikalischer und psychoakustischer Messungen.* Europäische Hochschulschriften/Reihe 36/Band 148. Frankfurt/Main: Peter Lang 1995

SACKS, Oliver: *Der Mann, der seine Frau mit einem Hut verwechselte.* Reinbek bei Hamburg: Rowohlt, 21. Auflage 2002 (1987)

SCHNEIDER, Sabine/MÜNTE, Thomas/ALTENMÜLLER, Eckart: „Klavierspiel in der neurologischen Rehabilitation bei Patienten nach Schlaganfall." in: *Musikphysiologie und Musikermedizin.* 2008, 15. Jg., Nr. 1, S. 19-25

SCHRÖDER, Thomas: *Neuronale Korrelate der Melodie- und Rhythmuswahrnehmung! Eine funktionelle Magnet-Resonanz-Tomographie-Untersuchung.* Dissertation aus dem Med. Zentrum für Nervenheilkunde. Philipps-Universität Marburg. 2004

SCHULZE, Hans-Henning: „Wahrnehmung von Rhythmus und Metrum." in: T.H. Stoffer/R. Oerter (Hrsg.), *Allgemeine Musikpsychologie.* Göttingen: Hogrefe Verlag 2005, S. 451-482

SCHUPPERT, Maria: „Amusie: Störungen der Musikverarbeitung." in: H. Bruhn et al. (Hrsg.), *Musikpsychologie. Das neue Handbuch.* Reinbek bei Hamburg: Rowohlt 2008, S. 613-629

SEIDEL, Wilhelm: „Rhythmus, Metrum, Takt." in: L. Finscher (Hrsg.), *MGG Die Musik in Geschichte und Gegenwart* (Sachteil Bd. 8). Kassel: Bärenreiter 1998, Sp. 257-317

SPITZER, Manfred: *Musik im Kopf. Hören, Musizieren, Verstehen und Erleben im neuronalen Netzwerk*. Stuttgart: Schattauer, 9., unveränderter Nachdruck 2009 (2002)

SPITZNAGEL, Albert: „Zur Geschichte der psychologischen Rhythmusforschung." in: K. Müller/G. Aschersleben (Hrsg.), *Rhythmus. Ein interdisziplinäres Handbuch*. Bern: Huber 2000, S. 1-40

STEWART, Ian/STROGATZ, Steven H.: „Gekoppelte Oszillatoren und biologische Synchronisation." in: *Spektrum der Wissenschaft 2*. 1994, S. 74-81

STUMMER, Birgitta: *Rhythmisch-musikalische Erziehung. Bewegung erklingt – Musik bewegt*. Wien: Manz 2006

THOMPSON, Richard F.: *Das Gehirn. Von der Nervenzelle zur Verhaltenssteuerung*. Aus dem Englischen übersetzt von Andreas Held. Heidelberg/Berlin: Spektrum Akademischer Verlag 2001

TODD, Neil P. McAngus: „Motion in Music: A Neurobiological Perspective." in: *Music Perception*. Fall 1999, Vol. 17, No. 1, S. 115-126

TODD, Neil P. McAngus/O'BOYLE, Donald J./LEE, Christopher S.: „A Sensory-Motor Theory of Rhythm, Time Perception and Beat Induction." in: *Journal of New Music Research*. 1999, Vol. 28, No. 1, S. 5-28

TODD, Neil P. McAngus/CODY, Frederick W.: „Vestibular responses to loud dance music: A physiological basis of the ‚rock and roll threshold'?" in: *Journal of the Acoustical Society of America*. January 2000, Vol. 107, No. 1, S. 496-500

TRAINOR, Laurel J./GAO, Xiaoqing/LEI, Jing-jiang/LEHTOVAARA, Karen/HARRIS, Laurence R.: „The primal role of the vestibular system in determining musical rhythm." in: *Cortex*. January 2009, Volume 45, Issue 1, S. 35-43

TRUSLIT, Alexander: *Gestaltung und Bewegung in der Musik. Ein tönendes Buch vom musikalischen Vortrag und seinem bewegungserlebten Gestalten und Hören*. Berlin: Chr. Friedrich Vieweg 1938

WILLMS, Harm: „Vom musikalisch Schönen und seiner Bedeutung für die menschliche Seele." in: *IRASM*. 1987, 18 (2), S. 259-268

WITOSZYNSKYJ, Eleonore/SCHNEIDER, Margit/SCHINDLER, Gertrude: *Erziehung durch Musik und Bewegung. Grundlagen und Modelle der Rhythmik für Kindergarten, Vorschule und Grundschule.* Wien: öbv & htp, 3. Auflage 2004 (1989)

ZATORRE, Robert J./CHEN, Joyce L./PENHUNE, Virginia B.: „When the brain plays music: auditory-motor interactions in music perception and production." in: *Nature Neuroscience.* July 2007, Volume 8, S. 547-558

ZITZLER, Birgit: *Die Wirkung von Musik auf Körper und Psyche unter Berücksichtigung situationsbedingter, persönlichkeitsspezifischer und musikimmanenter Einflussfaktoren.* Magisterarbeit aus dem Fach Musik- und Bewegungspädagogik. Universität für Musik und darstellende Kunst Wien. 2005